"Spanish Sentence Builders
A Lexicogrammar approach"
Beginner – Pre-intermediate

Answer Book

This is the answer booklet for "Spanish Sentence Builders – A Lexicogrammar approach. Beginner – Pre-intermediate".

It contains answers for all exercises and follows the exact order of the original book. To further make this book user-friendly there is a reference to which page a particular page relates to in the original – student book, at the start of each unit section.

We hope that you enjoy using it and that your students enjoy working with "Spanish Sentence Builders – A Lexicogrammar approach".

Thanks,

Gianfranco Conti, Dylan Viñales and Verónica Palacín

 THE LANGUAGE GYM

SECOND EDITION

Imprint: Independently Published
By Verónica Palacín

Edited by Inés Glowacka

 **THE LANGUAGE GYM**

TABLE OF CONTENTS

Unit 1 - Talking about my age

Unit 1. Talking about my age: VOCABULARY BUILDING (Page 3)

1. Match up

un año – one year   **dos años** – two years   **tres años** – three years   **cuatro años** – four years

cinco años – five years   **seis años** – six years   **siete años** – seven years   **ocho años** – eight years

nueve años – nine years   **diez años** – ten years   **once años** – eleven years   **doce años** – twelve years

2. Complete with the missing word

a. Tengo **catorce** años   b. Mi hermano **se** llama Felipe   c. Me **llamo** Diego

d. Mi hermano **tiene** dos años   e. Mi hermana tiene **cuatro** años   f. **Me** llamo Ana

3. Translate into English

a. I'm three years old   b. I'm five years old   c. I'm eleven years old   d. He/She is fifteen years old

e. He/She is thirteen years old   f. He/She is seven years old   g. My brother   h. My sister   i. He/she is called

4. Broken words

a. Ten**go**   b. Me lla**mo**   c. Mi herm**ana**   d. Qui**nce**   e. Diecis**éis**   f. On**ce**   g. Nu**eve**   h. Cato**rce**   i. Do**ce**

5. Rank the people below from oldest to youngest as shown in the example   **1, 2, 7, 5, 8, 4, 3, 6**

6. For each pair of people write who is the oldest, as shown in the example   **(e.g.) B – B – B – A – A – B – A**

Unit 1. Talking about my age: READING (Page 4)

1. Find the Spanish for the following items in Nico's text

a. Soy argentino   b. Me llamo   c. La capital   d. En Buenos Aires   e. Que se llama Antonio   f. Tengo doce años

g. Tiene catorce

2. Answer the following questions about Ramón

a. From Spain   b. He is ten years old   c. 2   d. Barbara is five years old and Paco is nine years old

3. Complete the table below

Marco,   age 13,   Italian,   1 brother,   age 15

Nico,   age 12,   Argentinian,   1 brother,   age 14

Ramón,   age 10,   Spanish,   2 siblings,   ages 5 & 9

4. Hans, Kaori or Marine?

a. Hans   b. Marine   c. Marine's sister   d. Hans   e. Hans

Unit 1. Talking about my age: TRANSLATION (Page 5)

1. Faulty translation: spot and correct (in the English) any translation mistakes you find below

a. **My** name is Patricia   b. I have two **sisters**   c. My **sister** is called Marta   d. My **brother** is 5   e. I am **fifteen**

f. My brother is **eight**. g. I don't have **any siblings**   h. I am **16**   i. I am **12**   j. **His** name is Juan

2. From Spanish to English

a. My brother is called Juan   b. I am fifteen years old   c. My brother is six   d. My sister is called Mariana

e. I am seven years old   f. I live in Madrid   g. My sister is fourteen years old   h. I have a brother and a sister

i. María is twelve   j. Arantxa is nine

3. English to Spanish translation

a. Me llamo Paco. Tengo seis años.   b. Mi hermano tiene quince años.   c. Tengo doce años.

d. Mi hermana se llama Arantxa.   e. Tengo catorce años.   f. Tengo un hermano y una hermana.

g. Me llamo Felipe y tengo catorce años.   h. Me llamo Gabriel y tengo once años.   i. Me llamo Santiago. Tengo diez años.
Tengo un hermano y una hermana.   j. Mi hermana se llama Ana. Tiene doce años.

THE LANGUAGE GYM

1

Unit 1. Talking about my age: WRITING (Page 6)

1. Complete the words

a. Me llamo Paco   b. Tengo catorce años   c. Tengo una hermana   d. Mi hermano se llama Julio

e. Me llamo Patricio   f. Mi hermano se llama Pablo   g. Tengo trece años   h. Mi hermana se llama Ana

2. Write out the number in Spanish

a. nine – nueve   b. seven – siete   c. twelve – doce   d. five – cinco   e. fourteen – catorce   f. sixteen – dieciséis

g. thirteen – trece   h. four – cuatro

3. Spot and correct the spelling mistakes

a. Me llamo Paco   b. Tengo trece años   c. Mi hermano tiene cinco años   d. Mi hermana se llama María

e. Me llamo Patricio   f. Mi hermana se llama Alejandra

4. Complete with a suitable word

a. Mi hermana se llama Laura   b. Mi hermano tiene quince años   c. Me llamo Mario

d. Tengo un amigo que se llama Felipe   e. Tengo una amiga/hermana que se llama Arantxa

f. Mi hermano tiene catorce años

5. Guided writing – write 4 short paragraphs in the first person singular ['I'] each describing the people below

Samuel: Me llamo Samuel. Tengo doce años. Vivo en Buenos Aires. Soy argentino. Mi hermano se llama Gonzalo y tiene nueve años. Mi hermana se llama Anna y tiene ocho años.

Rebeca: Me llamo Rebeca. Tengo quince años. Vivo en Madrid. Soy española. Mi hermano se llama Jaime y tiene trece años. Mi hermana se llama Valentina y tiene cinco años.

Michael: Me llamo Michael y tengo once años. Vivo en Berlín y soy alemán. Mi hermano se llama Thomas y tiene siete años. Mi hermana se llama Gerda y tiene doce años.

Kyoko: Me llamo Kyoko. Tengo diez años. Vivo en Osaka y soy japonesa. Mi hermano se llama Ken y tiene seis años. Mi hermana se llama Rena y tiene un año.

6. Describe this person in the third person

Se llama Jorge. Tiene doce años. Vive en Barcelona. Su hermano se llama Mario y tiene trece años. Su hermana se llama Soledad y tiene quince años.

 THE LANGUAGE GYM

Unit 2 - Saying when my birthday is

Unit 2. Saying when my birthday is: VOCABULARY BUILDING (Page 9)

1. Complete with the missing word

a. Me **llamo** Gonzalo   b. Mi **amiga** se llama María   c. **Mi** amigo se llama Jaime   d. Mi **cumpleaños** es el…

e. El **cinco** de mayo   f. El **dieciocho** de noviembre   g. El cuatro de **julio**   h. **Su** cumpleaños es el…

2. Match up

abril – April   **noviembre** – November   **diciembre** – December   **mayo** – May   **enero** – January   **febrero** – February

mi cumpleaños – my birthday   **mi amigo** – my friend (*m*)   **mi amiga** – my friend (*f*)   **me llamo** – I am called

se llama – he/she is called

3. Translate into English

a.14th January   b. 8th May   c. 7th February   d. 20th March   e. 19th August   f. 25th July   g. 24th September

h. 15th April

4. Add the missing letter

a. cumpleaños   b. febrero   c. marzo   d. mayo   e. abril   f. junio   g. enero   h. agosto   i. junio   j. noviembre

k. diciembre   l. septiembre

5. Broken words

a. El t**res** de e**nero**   b. El **cinco** de j**ulio**   c. El n**ueve** de agosto   d. El d**oce** de m**arzo**   e. El d**ieciséis** de **abril**

f. El d**iecinueve** de d**iciembre**   g. El **veinte** de o**ctubre**   h. El v**einticuatro** de ma**yo**   i. El t**reinta** de s**eptiembre**

6. Complete with a suitable word

a. Me **llamo** Dylan   b. Mi **cumpleaños** es el dos de mayo   c. Tengo nueve **años**   d. Mi **amigo** se llama Gian

e. Gian **tiene** diez años   f. Su **cumpleaños** es el tres de junio   g. Mi **cumpleaños** es el dieciocho de julio

h. Mi amigo **se** llama Ronan   i. **Mi** cumpleaños es el cuatro de agosto   j. El ocho de **noviembre**

k. **Me** llamo Gabriel García

Unit 2. Saying when my birthday is: READING (Page 10)

1. Find the Spanish for the following items in Rodrigo's text

a. Me llamo   b. Tengo doce años   c. Vivo en México   d. Mi cumpleaños es   e. el doce de   f. su cumpleaños es

g. en mi tiempo libre   h. mi amigo   i. se llama   j. tiene 35 años   k. el veintiuno de junio   l. tiene un hermano mayor

m. el ocho de enero

2. Complete with the missing words

Me llamo Ana. **Tengo** trece **años** y **vivo** en Madrid, **en** España. **Tengo** un gato en casa. Mi **cumpleaños** es el veintinueve **de** diciembre. Mi hermano **tiene** nueve **años** y su cumpleaños es **el uno de** abril.

3. Answer the following questions about Mercedes' text

a. 7   b. In Chile   c. 5th December   d. Two brothers   e. Julio   f. 13   g. 5th January

4. Find Someone Who

a. Mercedes   b. Sergio   c. Antonio   d. Rodrigo   e. Rodrigo   f. Mercedes' brother   g. Antonio   h. Mercedes

i. Sergio / Antonio

THE LANGUAGE GYM

Unit 2. Saying when my birthday is: WRITING (Page 11)

1. Complete with the missing letters
a. Me llamo Paco b. Soy de Bilbao c. Mi cumpleaños es el quince de junio d. Tengo catorce años.

e. Mi amiga se llama Catalina f. Catalina es de Madrid g. Mi amigo Miguel es de Sevilla h. Miguel tiene once años

2. Spot and correct the spelling mistakes
a. Mi cumpleaños es el cuatro de enero b. Me llamo Paco c. Soy de Bilbao d. Mi amiga se llama Catalina

e. Catalina tiene once años f. Yo tengo catorce años g. Mi cumpleaños es el **uno** de marzo h. Tengo quince años.

3. Answer the questions in Spanish (personal answers)
a. Me llamo Ana b. Tengo diez años c. Mi cumpleaños es el doce de junio d. Tengo un hermano

e. Su cumpleaños es el cinco de enero

4. Write out the dates below in words as shown in the example
a. el quince de mayo b. el diez de junio c. el veinte de marzo d. el diecinueve de febrero e. el veinticinco de diciembre

f. el uno de enero g. el veintidós de noviembre h. el catorce de octubre

5. Guided writing – write 4 short paragraphs in the 1st person singular ['I'] describing the people below
Samuel: Me llamo Samuel y vivo en Sevilla. Tengo once años y mi cumpleaños es el veinticinco de diciembre. Mi hermano se llama José y su cumpleaños es el diecinueve de febrero.

Ale: Me llamo Ale y vivo en Bilbao. Tengo catorce años y mi cumpleaños es el veintiuno de julio. Mi hermano se llama Felipe y su cumpleaños es el veintiuno de abril.

Andrés: Me llamo Andrés y vivo en Gerona. Tengo doce años y mi cumpleaños es el uno de enero. Mi hermano se llama Julián y su cumpleaños es el veinte de junio.

Charles: Me llamo Carlos y vivo en Valencia. Tengo dieciséis años y mi cumpleaños es el dos de noviembre. Mi hermano se llama Miguel y su cumpleaños es el doce de octubre.

6. Describe this person in the third person
Se llama César y tiene doce años. Vive en Aguadulce y su cumpleaños es el veintiuno de junio. Su hermano se llama Jesús y tiene dieciséis años. Su cumpleaños es el uno de diciembre.

UNIT 2. Saying when my birthday is: TRANSLATION (Page 12)

1. Faulty translation: spot and correct (in the English) any translation mistakes you find below
a. ~~his~~ **My** birthday is on the 28th April b. ~~your~~ **My** name is Roberto and ~~you are~~ **I am** from Spain c. I am **23** years old

d. My friend ~~I am~~ **is** called Jordi e. ~~I have~~ **He is** 26 years old f. ~~my~~ **his** birthday is the ~~1~~ **4**th April|

2. From Spanish to English
a. 8th October b. My birthday is on c. My friend (*m*) is called d. His birthday is on e. 11th January f. 14th February

g. 25th December h. 8th July i. 1st June

3. Phrase-level translation
a. me llamo b. tengo diez años c. mi cumpleaños es el... d. ...el siete de mayo e. mi amiga se llama Bella

f. tiene doce años g. su cumpleaños es el h. el veintitrés de agosto i. el veintinueve de abril

4. Sentence-level translation
a. Me llamo César. Tengo treinta años. Vivo en España. Mi cumpleaños es el once de marzo.

b. Mi hermano se llama Pedro. Tiene catorce años. Su cumpleaños es el dieciocho de agosto.

c. Mi amigo se llama Juan. Tiene veintidós años y su cumpleaños es el catorce de junio.

d. Mi amiga se llama Angela. Tiene dieciocho años y su cumpleaños es el 25 de julio.

e. Mi amigo se llama Anthony. Tiene veinte años. Su cumpleaños es el veinticuatro de septiembre.

Unit 3 - Describing hair and eyes

UNIT 3. Describing hair and eyes: VOCABULARY BUILDING (Page 15)

1. Complete with the missing word

a. Tengo el pelo **castaño** b. Tengo el pelo **rubio** c. Llevo **barba** d. Tengo los ojos **azules**

e. No llevo **gafas** f. Tengo el pelo a med**ia** mel**ena.** g. Tengo los ojos **negros** h. Tengo el pelo **pelirrojo**

2. Match up

el pelo castaño – brown hair **el pelo negro** – black hair **el pelo rubio** – blond hair **los ojos negros** – black eyes

las gafas – glasses **el bigote** – moustache **los ojos azules** – blue eyes **los ojos verdes** – green eyes

el pelo corto – short hair **el pelo largo** – long hair **el pelo pelirrojo** – red hair

3. Translate into English

a. curly hair b. blue eyes c. I wear glasses d. blond hair e. green eyes f. red hair g. black eyes h. dark/black hair

4. Add the missing letter

a. largo b. gafas c. pelo d. bigote e. azul f. verdes g. rizado h. liso i. moreno j. a media melena k. ojos l. llevo

5. Broken words

a. Tengo el pelo rizado b. Llevo gafas c. Tengo el pelo corto d. No llevo bigote e. Tengo los ojos marrones

f. Llevo barba g. Tengo ocho años h. Me llamo María i. Tengo nueve años

6. Complete with a suitable word

a. Tengo diez **años** b. **Llevo/tengo** barba c. Me **llamo** Antonio Ruiz d. Llevo **gafas/barba/bigote**

e. Tengo el **pelo** liso y corto f. **No** llevo gafas g. Tengo **los** ojos marrones h. Tengo **el** pelo negro

i. No **llevo/lleva** bigote j. **Tengo/tiene** el pelo largo k. **Me** llamo Pedro Sánchez l. Tengo **nueve/diez** años

UNIT 3. Describing hair and eyes: READING (Page 16)

1. Find the Spanish

a. me llamo b. en c. llevo gafas d. mi cumpleaños es e. el diez de f. tengo g. liso h. moreno/negro i. los ojos

2. Answer the following questions about Inma's text

a. She is 15 years old b. in Bolivia c. red/ginger d. wavy e. long f. blue g. 15th December

3. Complete with the missing words

Me llamo Pedro. **Tengo** diez años y vivo **en** Caracas, la **capital** de Venezuela. Tengo el **pelo** rubio, liso y corto y los **ojos** verdes. **Llevo** gafas. Mi cumpleaños **es** el ocho **de** abril.

4. Answer the questions below about all five texts

a. Alina b. Alina c. Alina d. 5 people wear glasses e. Travis, Alejandro's brother f. Sergio g. Pablo h. Alejandro

UNIT 3. Describing hair and eyes: TRANSLATION (Page 17)

1. Faulty translation: spot and correct (in the English) any translation mistakes you find below

a. I have ~~black eyes~~ **blond hair** b. He has ~~brown~~ **blue** eyes c. ~~He has~~ **I have** a beard d. ~~I am~~ **He is** called Pedro

e. ~~I have long~~ **He has crew-cut** hair f. I have green eyes g. ~~I am from~~ **I live in** Madrid

2. From Spanish to English

a. I have blond hair b. I have black eyes c. He/she has straight hair d. He wears glasses and beard

e. I have/wear moustache f. I wear sunglasses g. I don't have/wear a beard h. I have curly hair i. I have long hair

3. Phrase-level translation

a. el pelo rubio b. me llamo c. tengo d. los ojos azules e. el pelo liso f. tiene g. diez años h. tengo los ojos negros

i. tengo nueve años j. los ojos marrones k. el pelo moreno

4. Sentence-level translation

a. Me llamo Mark. Tengo diez años. Tengo el pelo moreno y rizado, y los ojos azules

b. Tengo doce años. Tengo los ojos verdes y el pelo rubio y liso

c. Me llamo Ana. Vivo en Madrid. Tengo el pelo largo y rubio y los ojos marrones.

d. Me llamo Pedro. Vivo en Argentina. Tengo el pelo moreno, muy corto y ondulado.

e. Tengo quince años . Tengo el pelo moreno, rizado y largo, y los ojos verdes.

f. Tengo trece años. Tengo el pelo pelirrojo, liso y largo, y tengo los ojos marrones.

UNIT 3. Describing hair and eyes: WRITING (Page 18)

1. Split sentences

a. Tengo el pelo **rubio**   b. Llevo **barba**   c. Tengo los **ojos verdes**   d. Tengo el **pelo negro**   e. Tengo el pelo rubio **y rizado**

f. Me llamo **Marta**   g. Tengo diez **años**

2. Rewrite the sentences in the correct order

a. Tengo el pelo rizado   b. No llevo barba   c. Me llamo Ricardo   d. Tengo el pelo pelirrojo

e. Mi hermano se llama Pablo

3. Spot and correct the grammar and spelling errors

a. Tengo los ojos negros   b. Mi hermano se llaman Antonio   c. Tiene **el** pelo rizado   d. **M**e llamo / Se llam**a** Marta

e. Tengo catorce a**ñ**os   f. Tengo el **pelo liso**   g. Tengo **los** ojos verdes   h. Llevo barbas   i. Llevo gafas   j. **No** llevo bigote

4. Anagrams

a. pelo   b. barba   c. ojos   d. años   e. azules   f. rubio   g. negros   h. rizado

5. Guided writing – write 4 short paragraphs in the first person singular ['I'] each describing the people below

Luis: Me llamo Luis y tengo doce años. Tengo el pelo castaño, largo y rizado y los ojos verdes. Llevo gafas y bigote pero no llevo barba.

Ana: Me llamo Ana y tengo once años. Tengo el pelo corto, rubio y liso, y los ojos azules. No llevo gafas y no llevo ni barba ni bigote.

Alejo: Me llamo Alejo y tengo diez años. Tengo el pelo pelirrojo, ondulado y a media melena, y los ojos negros. Llevo gafas y barba, pero no llevo bigote.

6. Describe this person in the third person

Se llama Jorge. Tiene quince años. Tiene el pelo moreno, rizado y muy corto. Tiene los ojos marrones. No lleva gafas y tiene barba.

Unit 4 - Saying where I live and am from

UNIT 4. Saying where I live and am from: VOCAB BUILDING (Page 20)

1. Complete with the missing word
a. Vivo en **una** casa bonita   b. Me gusta mi **piso**   c. Soy **de** Madrid   d. **Vivo** en un piso pequeño

e. Un piso en un **edificio** antiguo   f. **Soy** de Santiago, la capital de Chile   g. Vivo en una casa **fea**

h. Vivo en las **afueras.**

2. Match up
el centro – the centre   **bonita** – pretty   **grande** – big   **edificio** – building   **antiguo** – old   **las afueras** – the outskirts

la costa – the coast   **España** – Spain   **soy de** – I am from   **fea** – ugly   **pequeña** – small   **vivo en** – I live in

3. Translate into English
a. I am from Argentina   b. I live in a house   c. My flat is small   d. I am from Santiago, in Chile   e. In a modern building

f. I am from Lima, the capital of Peru   g. I live in a flat, in the coast of   h. I am from Cartagena, in Colombia

4. Add the missing letter(s)
a. Bogotá   b. Madrid   c. Barcelona   d. Montevideo   e. Buenos Aires   f. Zaragoza   g. Cartagena   h. Colombia

i. País Vasco   j. Cuba

5. Broken words
a. Soy de la Habana, en Cuba   b. Vivo en una casa antigua   c. Soy de Madrid, la capital de España

d. Vivo en un piso en la costa de Chile   e. Vivo en una casa pequeña pero bonita

f. Soy de Montevideo y vivo en un edificio antiguo   g. Soy de Quito

6. Complete with a suitable word
a. Soy **de** Bilbao   b. Vivo **en** un piso bonito   c. En un **piso** antiguo   d. Vivo en una casa en el **campo**

e. Lima es la capital de **Perú**   f. Vivo en una casa **bonita/fea**   g. Soy de **Bogotá/Zaragoza**

h. Vivo en un piso **en un edificio antiguo/grande**.   i. Soy de Santiago, en **Chile**   j. Bogotá es la capital de **Colombia**

k. Vivo en una casa en la **costa**

Unit 4. "Geography test". Match the numbers to the cities (Page 22)
Spain: 1 – **Cádiz**   2 – **Madrid**   3 – **Barcelona**   4 – **La Coruña**   5 – **Bilbao**

Latin America: 1 – **México D.F.** (México)   2 – **Santiago** (Chile)   3 – **Bogotá** (Colombia)   4 – **Lima** (Perú)

5 – **La Habana** (Cuba)   6 – **Buenos Aires** (Argentina)   7 – **Montevideo** (Uruguay)   8 – **Quito** (Equador)

9 – **La Paz** (Bolivia)

UNIT 4. Saying where I live and am from: READING (Page 23)

1. Find the Spanish for the following in Isabela's text
a. me llamo   b. tengo veintiún años   c. vivo en   d. un piso grande   e. en las afueras   f. el dos de junio   g. tengo un perro

h. es muy grande   i. su cumpleaños es el uno de abril   j. tiene tres años   k. también tengo una araña

2. Complete the statements below based on Carlos's text
a. I am **22** years old   b. My birthday is the **9**th of **August**   c. I live in a **pretty** house   d. My house is in the **centre** of town

e. I like Eduardo but Ruben is **silly**   f. My friend José **lives** in Barcelona   g. He lives in an old **flat**

3. Answer the questions on the four texts above
a. 15   b. Because they are twins   c. Carlos   d. Isabela   e. Because she celebrates both at the same time   f. Carlos

g. Isabela   h. Carlos   i. Isabela's housemate

4. Correct any incorrect statements about Estefanía's text
a. Estefanía vive en Cartagena, en **la costa** de Colombia   b. En la familia de Estefanía hay cuatro personas **CORRECT**

THE LANGUAGE GYM

c. Su cumpleaños es en **mayo**   d. El cumpleaños de Shakira es el **treinta** de marzo   e. Estefanía vive en una casa grande **y** **bonita** en la costa   g. Le gusta mucho su casa **CORRECT**

UNIT 4. Saying where I live and am from: TRANSLATION/ WRITING (Page 24)
1. Translate into English
a. I live in   b. a house   c. a flat   d. pretty   e. big   f. in a building   g. old   h. modern   i. in the centre   j. in the outskirts   k. by the coast   l. I am from   m. in Spain   n. in Peru
2. Gapped sentences
a. Vivo en una **casa** fea   b. Un piso en un **edificio** nuevo   c. Vivo en un **piso** pequeño   d. Una **casa** en las **afueras**   e. **Soy de** Madrid   f. La **capital** de España
3. Complete the sentences with a suitable word
a. Vivo en **La Habana**, la capital de Cuba   b. Soy de Santiago, en **Chile**   c. Vivo en un **piso** bonito en las **afueras**   d. Vivo en una casa bonita y **grande**   e. **Soy** de Quito, la **capital** de Ecuador   f. Vivo en un **piso** moderno en el centro
4. Phrase-level translation (English to Spanish)
a. Vivo en   b. Soy de   c. una casa   d. un piso   e. feo   f. pequeño   g. en un edificio antiguo   h. en el centro   i. en las afueras   j. en la costa   k. en Cataluña
5. Sentence-level translation (English to Spanish)
a. Soy de Bilbao, en el País Vasco en España. Vivo en una casa grande y bonita en las afueras.
b. Soy de Buenos Aires, la capital de Argentina. Vivo en un piso pequeño y feo en el centro.
c. Soy de Montevideo, la capital de Uruguay. Vivo en un piso en un edificio nuevo en la costa. Mi piso es grande, pero feo.
d. Soy de Cádiz, en Andalucía, en España. Vivo en un piso en un edificio antiguo en las afueras. Me gusta mi piso.

Unit 4. Saying where I live and am from: WRITING (Page 25)
1. Complete with the missing letters
a. Me ll**amo** Paco   b. Vi**vo** en una ca**sa** bon**ita**   c. Vi**vo** en un pi**so** grand**e**   d. **V**i**vo** en una **ca**sa en el cent**ro**   e. Soy de Bogot**á** en Colom**bia**   f. Yo **s**oy de Bueno**s** Aire**s** en Argentin**a**   g. **V**i**vo** en un pis**o** pequeño en las afuera**s**   h. **S**oy de La Haba**na** en C**uba**
2. Spot and correct the spelling mistakes
a. Soy de Bogot**á,** en Colombia   b. Vivo en Bilbao, en el País **V**asco   c. Vivo en una casa fe**a**   d. Vivo en un piso pequeñ**o**   e. Vivo en un ~~moderno~~ edificio **moderno**   f. Vivo en Andaluc**í**a   g. Soy de Barcelona, en Catalu**ñ**a   h. Soy de C**á**diz, en Espa**ña**
3. Answer the questions in Spanish
a. Me llamo Julia   b. Tengo once años   c. Mi cumpleaños es el ocho de agosto   d. Soy de Pamplona   e. Vivo en Santander   f. Vivo en una casa
4. Anagrams (regions of Spain and countries)
a. Chile   b. Cataluña   c. Andalucía   d. Cuba   e. Ecuador   f. España   g. Perú   h. Colombia   i. Uruguay   j. Aragón
5. Guided writing – write 4 short paragraphs in the 1st person singular ['I'] describing the people below
Samuel: Me llamo Samuel y tengo doce años. Mi cumpleaños es el veinte de junio. Vivo en Buenos Aires, en Argentina.
Ale: Me llamo Ale y tengo catorce años. Mi cumpleaños es el catorce de octubre. Vivo en Madrid, en España.
Andrés: Me llamo Andrés y tengo once años. Mi cumpleaños es el catorce de enero. Vivo en Bogotá, en Colombia.
Carlos: Me llamo Carlos y tengo trece años. Mi cumpleaños es el diecisiete de enero. Vivo en La Habana, en Cuba.
Nina: Me llamo Nina y tengo quince años. Mi cumpleaños es el diecinueve de octubre. Vivo en Santiago, en Chile.
6. Describe this person in the third person
Se llama Alejandro y tiene dieciséis años. Su cumpleaños es el quince de mayo. Es de Quito, en Ecuador y vive en Madrid, en España.

THE LANGUAGE GYM

Unit 5 - Talking about my family members

Unit 5. Talking about my family + Counting to 100: VOCAB BUILDING (Page 28)

1. Complete with the missing word

1. En mi **familia** tengo 2. Hay **cinco** personas 3. Mi **abuelo**, Jaime 4. Mi abuelo **tiene** ochenta años…

5. Mi **madre** Angela… 6. Ella **tiene** cincuenta años… 7. Me **llevo** bien con mi hermano…

2. Match up

dieciséis – **16** doce – **12** veintiuno – **21** diez – **10** treinta y tres – **33** trece – **13** cuarenta y ocho – **48**

cincuenta y dos – **52** cinco – **5** quince – **15**

3. Translate into English

a. I get along badly with b. My grandmother, Adela c. My uncle d. There are four people e. In my family

f. I get along well with g. My father h. He/she is twenty years old

4. Add the missing letter

a. fam**i**lia b. te**n**go c. p**e**rsonas d. ab**u**elo e. her**m**ano f. ma**y**or g. mad**r**e h. **p**rimo i. me llev**o** j. **b**ien k. quin**c**e.

l. die**z**

5. Broken words

a. Hay **s**eis **p**ersonas **e**n mi **f**amilia b. Mi **h**ermana **t**iene **d**oce **a**ños c. En mi fam**i**lia teng**o**.... d. Mi **p**rimo se **l**lama

e. Mi **p**adre **t**iene **c**incuenta y **c**inco **a**ños f. Me **l**levo m**a**l **c**on mi **h**ermano **m**ayor g. Me **l**levo **b**ien **c**on mi…

6. Complete with a suitable word

a. En mi **familia** b. **Hay** tres personas c. Mi hermana **se llama** d. Tiene catorce **años**

e. Mi **hermana/madre**, Gina tiene treinta y cinco años f. Me llevo **bien/mal** con mi padre

g. Hay cuatro **personas** en mi familia h. Me **llevo** bien con mi abuela i. No **me** llevo bien con mi tío

j. Mi primo tiene quince **años** k. Me llevo bien **con** mi abuelo

Unit 5. Talking about my family + Counting to 100: VOCAB DRILLS (Page 29)

1. Match up

En mi – in my **familia** – family **hay** – there are **siete** – seven **me llevo bien** – I get along well **con** – with

2. Complete with the missing word

a. **Hay** cinco personas b. Mi **padre**, Juan, tiene sesenta años c. Me **llevo** bien con mi tío d. Me llevo **mal** con mi primo

e. Mi tía, Gina, **tiene** cuarenta años f. Él tiene **dieciocho** años g. **Ella** tiene veintiséis años h. Mi **abuela**, Adela, tiene ochenta años

3. Translate into English

a. He is nine b. She is forty c. My father is 44 d. I get along badly with my grandfather e. I get along well with my brother f. My younger sister is five g. There are 8 people in my family h. In my family I have six people

4. Complete with the missing letters

a. Mi hermano m**a**yor b. En mi fa**m**ilia h**ay** tres personas c. Mi primo ti**e**ne dieci**och**o años d. Me **ll**evo muy m**a**l con mi h**e**rmano e. Mi t**í**o tiene cuar**e**nte **añ**os f. **Me** llevo muy bi**en** con mi prima g. Mi pr**i**ma ti**e**ne q**ui**nce años

h. Me llevo regular con **ella** i. ¿Cómo **e**res tú?

5. Translate into Spanish

a. en mi familia b. hay c. mi padre d. tiene cuarenta años e. me llevo bien f. con

6. Spot and correct the errors

a. En mi familia h**ay** tres personas b. Mi ab**u**ela Adela c. Mi hermano ti**e**ne nueve años d. Me **ll**evo mal con mi primo

e. Mi primo tiene ocho **añ**os f. Mi hermano m**a**yor, Darren

THE LANGUAGE GYM

Unit 5. Talking about my family…Counting to 100: TRANSLATION (Page 30)

1. Match up

Veinte – **20**   Treinta – **30**   Cuarenta – **40**   Cincuenta – **50**   Sesenta – **60**   Ochenta - **80**   Noventa – **90**   Cien – **100**

Setenta – **70**

2. Write out in Spanish

a. 35 – t**reinta y cinco**   b. 63 – s**esenta y tres**   c. 89 – o**chenta y nueve**   d. 74 – s**etenta y cuatro**   e. 98 – n**oventa y ocho**

f. 100 – c**ien**   g. 82 – o**chenta y dos**   h. 24 – v**einticuatro**   i. 17 – d**iecisiete**

3. Write out with the missing number

a. Tengo **treinta y un** años   b. Mi padre tiene **cincuenta** y siete años   c. Mi madre tiene **cuarenta** y ocho años.

d. Mi abuelo tiene **cien** años   e. Mi tío tiene **sesenta** y dos años   f. Tienen **noventa** años   g. Mis primos tienen **cuarenta** y cuatro años   h. ¿Tiene **sesenta** años?

4. Correct the translation errors

a. My father is forty – mi padre tiene **cuarenta** años   b. My mother is fifty-two – mi madre tiene cincuenta **y dos** años

c. We are forty-two – tenemos cuarenta **y dos** años   d. I am forty-one – tengo cuarenta **y un** años   e. They are thirty-four – tienen treinta y **cuatro** años

5. Translate into Spanish (please write out the numbers in letter)

a. En mi familia hay seis personas   b. Mi madre se llama Susana y tiene cuarenta y tres años   c. Mi padre se llama Pedro y tiene cuarenta y ocho años   d. Mi hermana mayor se llama Juanita y tiene treinta y un años   e. Mi hermana menor se llama Amparo y tiene dieciocho años   f. Me llamo Arantxa y tengo veintisiete años   g. Mi abuelo se llama Antonio y tiene ochenta y siete años

Unit 5. Talking about my family + Counting to 100: WRITING (Page 31)

1. Spot and correct the spelling mistakes

a. quarenta – **cuarenta**   b. treintaiuno – **treinta y uno**   c. ocenta y dos – **ochenta y dos**   d. veinte y uno – **veintiuno**

e. nuevanta – **noventa**   f. sien – **cien**   g. septenta – **setenta**   h. dieciseis – **dieciséis**

2. Complete with the missing letters

a. Mi m**a**dre tiene cuarenta año**s**   b. Mi pa**d**re tie**n**e cin**cu**e**n**ta y un a**ñ**os   c. Mis abuelos tienen ochenta añ**o**s

d. Mi herm**a**na meno**r** tiene veinte años   e. **M**i abu**e**la **t**iene noventa años   f. Mi h**e**rm**a**no mayor **t**iene treint**a año**s

3. Rearrange the sentence below in the correct word order

a. En mi familia hay cuatro personas   b. No me llevo bien con mi hermano   c. Mi padre se llama Miguel y tiene cincuenta y dos años   d. En mi familia hay tres personas: mi madre, mi padre y yo   e. Mi primo se llama Paco y tiene treinta y siete años   f. Mi abuelo se llama Fernando y tiene ochenta y siete años

4. Complete

a. in my family– e**n** m**i familia**   b. there are – h**ay**   c. who is called – **q**ue se **llama**   d. my mother – **m**i m**adre**

e. my father – m**i** p**adre**   f. he is fifty – **ti**ene c**incuenta años**   g. I am sixty – **tengo** s**esenta años**   h. he is forty – **tiene** c**uarenta** años

5. Write a relationship sentence for each person as shown in the example

e.g. Paco: Mi mejor amigo, que se llama Paco, tiene quince años

Steve (Smith): Mi padre, que se llama Steve, tiene cincuenta y siete años. Me llevo bien con él.

Ana: Mi madre, que se llama Ana, tiene cuarenta y cinco años. Me llevo muy mal con ella.

Arantxa: Mi tía, que se llama Arantxa, tiene sesenta años. Me llevo bastante bien con ella.

Andrés: Mi tío, que se llama Andrés, tiene sesenta y siete años. No me llevo bien con él.

Miquel: Mi abuelo, que se llama Miquel, tiene setenta y cinco años. Me llevo muy bien con él.

Revision Quickie 1: Numbers 1-100, dates and birthdays, hair and eyes, family (Page 32)

1. Match up

once – 11   doce – 12   trece – 13   catorce – 14   quince – 15   dieciséis – 16   diecisiete – 17   dieciocho – 18
diecinueve - 19   veinte – 20

2. Translate the dates into English

a. 30th June   b. 1st July   c. 15th September   d. 22nd March   e. 31st December   f. 5th January   g. 16th April   h. 29th February

3. Complete with the missing words

a. Mi cumpleaños **es** el quince de abril   b. Tengo catorce **años**   c. Mi hermano **tiene** el pelo **rubio**   d. ¿De **dónde** eres?

e. En mi familia **hay** cuatro personas   f. **Mi** madre tiene los **ojos** marrones   g. Soy **de** Colombia

h. Mi hermano se **llama** Roberto

4. Write out the solution in words as shown in the example

a. diez   b. veinte   c. setenta   d. cuarenta   e. sesenta   f. cuarenta   g. noventa   h. setenta   i. cincuenta

5. Complete the words

a. Mi ab**uelo**   b. Mi p**rima**   c. Los oj**os**   d. Ver**des**   e. La ba**rba**   f. Las ga**fas**   g. Mi her**mana**   h. Te**ngo.**

6. Translate into English

a. My mother has brown hair   b. I have blue eyes   c. I am 40   d. My grandfather is 90   e. My dad wears glasses

f. My brother wears moustache   g. My brother has black hair   h. My sister has grey eyes

 **THE LANGUAGE GYM**

Unit 6 - Describing myself and another family member: physical and personality (Part 1/2)
Grammar Times 1&2

Unit 6. Part 1: VOCABULARY BUILDING (Page 34-35)

1. Match

Soy simpático – I am nice **Soy antipático** – I am mean **Soy terco** – I am stubborn

Soy guapo – I am good-looking **Soy divertido** – I am fun **Soy generoso** – I am generous **Soy fuerte** – I am strong

Soy malo – I am bad **Soy bajo** – I am short **Soy alto** – I am tall **Soy delgado** – I am slim

2. Complete

a. Mi hermano menor es d**elgado** b. Mi padre es **antipático** c. Mi hermana mayor es **terca** d. Soy m**usculoso**

e. Mi hermano mayor es d**ivertido** f. Mi amigo Paco es f**uerte**

3. Categories – sort the adjectives below in the categories provided

El físico: a. fuerte b. musculoso e. guapo k. gordo l. feo

La personalidad: c. simpático d. terco f. inteligente g. paciente h. malo i. generoso j. aburrido m. divertido

4. Complete the words

a. Soy aburr**ido** b. Soy **feo** c. Soy muscu**losa** d. Soy te**rco** e. Soy ma**la** f. Soy gua**po** g. Soy simp**ática** h. Soy go**rdo**

5. Translate into English

a. My older sister is generous b. My younger brother is fat c. My older brother is boring d. My mother is fun

e. I am not ugly f. I am a bit stubborn g. I am very handsome h. My friend Valentino is strong

6. Spot and correct the translation mistakes

a. ~~He is~~ **I am** strong b. He is ~~fat~~ **slim** c. I am very ~~ugly~~ **pretty** d. My mother is ~~short~~ **tall** e. My rat is ~~small~~ **ugly**

f. My sister is ~~three~~ **stubborn.** g. My father is ~~mean~~ **bad**

7. Complete

a. mi m**adre** b. mi **hermano** c. mi **padre** d. s**oy fuerte** e. es **terco** f. s**oy m**alo

8. English to Spanish translation

a. Soy fuerte y graciosa b. Mi madre es muy terca c. Mi hermana es baja y delgada d. Mi hermano es inteligente

e. Soy amable y divertida f. Mi padre es alto y gordo g. Gargamel es feo y antipático h. Soy alto y musculoso

Grammar Time 1: Present indicative of "Ser" (to be) – Drills 1 (Page 37)

1. Match up

somos – we are   **son** – they are   **soy** – I am   **eres** – you are   **sois** – you guys are   **es** – he is

2. Complete with the missing forms of 'Ser'

a. **Soy** muy hablador   b. Mi madre **es** divertida   c. Mis hermanas **son** habladoras   d. Mi perro **es** muy perezoso

e. Mis padres **son** estrictos   f. ¿Cómo **eres** tú?   g. ¿Cómo **es** tu pelo?   h. ¡Vosotros **sois** muy fuertes!

3. Translate into English

a. My dad is nice   b. My mum is talkative   c. My brothers are shy   d. My younger sister is not very tall

e. My best friend is very fat   f. My grandfather is very kind   g. My older sister is very tall   h. You guys are very strong!

4. Complete with the missing letters

a. Nosotros som**os** muy simpáticos   b. Mi madre **es** muy estricta   c. Mis padres **son** muy pacientes

d. Mis primos **son** muy antipáticos   e. Mi gato e**s** muy gordo   f. ¡Vosotros s**ois** muy habladores!

g. **Soy** un poco tímido   h. Mis abuelos **son** muy amables   i. ¿Cómo e**s** tu padre?

5. Translate into Spanish

a. (tú) eres   b. (él) es   c. (vosotros) sois   d. (ellas) son   e. (nosotras) somos   f. (ella) es

6. Spot and correct the errors

a. Mi madre ~~eres~~ **es** muy simpática   b. Mis padres ~~es~~ **son** muy pacientes y amables.

c. Mi herman~~ao~~ no es pesado / Mi hermana no es pesad~~o~~a.   d. Mi hermana y yo ~~son~~ **somos** altos   e. ¿Cómo ~~es~~ **eres** tú?

Present indicative of "Ser" (to be) – Drills 2 (Page 38)

7. Complete with the missing letters

a. Somos altos   b. Eres bajo   c. Mi perro e**s** gordo   d. Mis profesores so**n** muy buenos   e. Eres muy guapa

f. No so**y** tímido   g. Mi hermano y yo somos muy trabajadores

8. Complete with the missing forms of the verb SER

a. Mi madre **es**   b. Mis padres **son**   c. (yo) **Soy**   d. (ellas) **Son**   e. Mi madre y yo **somos**   f. Mi hermano **es**

g. Tú y tus hermanas **sois**   h. Tú **eres**   i. Vosotras **sois**

9. Complete with the missing forms of SER

a. **Soy** de Colombia   b. Mi madre **es** muy alta y guapa   c. Mis padres **son** muy estrictos   d. Mi hermano **es** muy amable

e. **Soy** un poco gordo   f. **Son** bajas   g. Mi hermano y yo **somos** musculosos   h. Mi primo Marco **es** italiano

10. Translate into Spanish. Make sure the <u>underlined words</u> have a feminine ending in Spanish ('a')

a. Mi madre es alta   b. Mi padre es bajo   c. Mi hermano no es feo   d. Mi hermana es simpática   e. Mi abuelo es estricto

f. Mi abuela es paciente   g. Mi madre es inteligente

11. English to Spanish translation. Remember that plural adjectives add an 'S' (e.g. *gordo – gordos*). Make sure that the <u>words underlined</u> end in 'os/as', as shown in the example

a. Mi madre y mi hermana son muy alt**as**   b. Mis hermanas son amables y simpátic**as**   c. Mis padres son simpátic**os**

d. Soy habladora y perezosa   e. Mi hermano y yo somos muy alt**os**   f. Mi madre y mi hermana son guap**as**

g. Mi novia y su hermana son muy baj**as**

Grammar Time 2: TENER – To have: Part 1, Present indicative (Page 39)
Verb drills

1. Translate into English

a. We have black hair   b. He/she has blond hair   c. They have very long hair   d. You have very short hair

e. They have green eyes   f. He/She has red hair   g. We have curly hair

2. Spot and correct the mistakes (note: not all sentences are wrong)

a. -   b. Mis hermanos ~~tenéis~~ **tienen** el pelo gris   c. ~~Tiene~~ **Tengo** el pelo largo   d. El tiene~~n~~ el pelo negro

e. Tenemos el pelo cort~~a~~o   f. Mis padres tienen el pelo rizado

3. Complete with the missing verb ending

a. Ten**go** el pelo rubio   b. Mi madre tien**e** los ojos azules   c. Mis hermanas tien**en** el pelo pelirrojo   d. Mi padre tien**e** el pelo gris   e. Ten**emos** el pelo negro   f. Mi abuelo tien**e** el pelo blanco   g. Mi madre y yo ten**emos** el pelo blanco

h. Mi primo tien**e** el pelo castaño   i. ¿Ten**éis** el pelo largo?   j. Mi hermano y yo ten**emos** el pelo rizado   k. Mi amigo Paco tien**e** los ojos verdes   l. Mis hermanos tien**en** el pelo corto   m. Yo ten**go** el pelo a media melena   n. ¿Tien**es** el pelo largo como tu madre?

4. Complete with: tiene, tenemos or tienen

a. Mi madre **tiene** el pelo rubio   b. Mis padres **tienen** los ojos marrones   c. Mi hermana mayor y yo **tenemos** el pelo negro   d. Mis abuelos **tienen** el pelo negro   e. Mis padres **tienen** el pelo rubio   f. Mis hermanas **tienen** el pelo rizado

g. Mi hermana menor y yo **tenemos** el pelo ondulado   h. Mi primo **tiene** el pelo pelirrojo   i. Mis dos hermanas **tienen** el pelo liso   j. Mi amiga Nicola y yo **tenemos** los ojos azules

5. Translate into Spanish

a. Tenemos el pelo moreno   b. Tienes el pelo largo   c. Tenéis los ojos azules   d. Tiene los ojos verdes   e. Mi padre tiene el pelo rizado   f. Mi hermana tiene el pelo liso   g. Mis tíos tienen el pelo gris   h. Mi abuelo es calvo/ no tiene pelo   i. Mi padre y yo tenemos el pelo rubio   j. Mi tío Paco tiene los ojos verdes

6. Guided writing – Write a text in the first person singular (I) including the details below

Hola, tengo nueve años. Tengo un hermano y una hermana. Mi hermano tiene quince años. Tiene el pelo castaño, liso, corto y los ojos verdes. Es alto y guapo. Mi hermana tiene doce años. Tiene el pelo moreno, largo, rizado, y los ojos marrones. Mis padres son bajos y tienen el pelo moreno y los ojos marrones.

7. Write an 80 to 100 words text in which you describe four people you know very well, relatives or friends.
MODEL TEXT

Mi hermano se llama Pedro. Tiene dieciocho años. Tiene el pelo moreno, corto y liso, y los ojos marrones. No lleva gafas. Es alto y no muy delgado. Es muy trabajador y amable. Mi mejor amigo se llama Juan. Tiene doce años. Tiene el pelo castaño y rapado. Tiene los ojos verdes y lleva gafas. Es alto y fuerte. Es muy divertido e inteligente. Mi prima se llama Victoria y tiene quince años. Tiene el pelo rubio, largo y liso, y los ojos marrones. No lleva gafas. Es baja y delgada. Es muy tímida y un poco perezosa. Mi tío se llama Andrés y tiene treinta y nueve años. Tiene el pelo gris, corto y liso. Tiene los ojos negros y lleva gafas. Es alto y gordo. Es simpático y hablador.

Unit 6 - Describing my family and saying why I like/dislike them (Part 2/2)

Unit 6. (Part 2) Describing my family: VOCABULARY BUILDING (Page 42)

1. Complete with the missing word

1. En mi familia **tengo**   2. Tengo **cuatro** personas   3. Mi **madre**, Angela   4. Me llevo **bien** con

5. Me llevo **mal** con   6. Mi tío **es** muy alto   7. Mi **tía** es muy simpática   8. Mi prima Clara es **divertida**

2. Match up

mi tía – my aunt   **mi abuelo** – my granddad   **mi madre** – my mum   **mi padre** – my dad   **mi hermano mayor** –
my big bro   **mi primo** – my cousin(f)   **mi hermano menor** – my little bro   **mi tío** – my uncle   **mi hermana** – my sister
mi prima – my cousin(f)

3. Translate into English

a. I like my uncle   b. My cousin(f) is generous   c. He/she has blond hair   d. I get along well with   e. I don't like my…

f. I get along badly with…   g. He is stubborn   h. She is quiet

4. Add the missing letter

a. Terco   b. Me llevo   c. Simpático   d. Abuelo   e. Primo   f. Menor   g. Mayor   h. Madre   i. También   j. Tío

k. Me gusta   l. Porque

5. Broken words

a. En mi familia tengo…   b. cuatro personas   c. Mi madre es muy simpática   d. Me llevo bien con mi…

e. Mi tío es muy generoso   f. Me llevo mal con mi…   g. Mi hermana tiene el pelo largo

h. Mi padre es bastante inteligente

6. Complete with a suitable word

a. Tengo cuatro **hermanos**   b. **Es** simpática   c. Me **llevo** bien   d. Es muy **terco/inteligente**   e. Tiene el **pelo** rubio

f. **Me** gusta mi madre   g. Me llevo **bien** con mi tío   h. Tiene el pelo negro y **rizado**   i. Tiene los **ojos** azules

j. Mi primo es **muy** divertido   k. Mi **madre** / **padre** es muy inteligente   l. Mi abuela tiene ochenta **años**

Unit 6. (Part 2) Describing my family: READING (Page 43)

1. Find the Spanish in Verónica's text

a. me llamo   b. en el sur   c. mi abuelo   d. pero   e. muy   f. mi padre   g. los ojos marrones.   h. el pelo rapado

2. Answer the following questions about Pedro

a. 10 years old   b. Spain   c. 8 people   d. his uncle   e. because he is fun and nice   f. his aunt   g. 5th May

3. Complete with the missing words

Me llamo Alejandra. **Tengo** diez años y vivo **en** Barcelona. En mi familia tengo cuatro **personas**. Me **llevo** bien con mi
abuelo porque **es** muy simpático y bueno. Mi padre tiene el **pelo** corto y los **ojos** verdes.

4. Find someone who...

a. Juanjo   b. Manolo   c. Pedro's aunt   d. Manolo   e. Verónica   f. Carlos   g. Verónica's dad / Manolo   h. Pedro
i. Alejandra

Unit 6. (Part 2) Describing my family: TRANSLATION (Page 44)

1. Faulty translation: spot and correct any translation mistakes (in the English) you find below

a. In my family I have ~~fourteen~~ **four** people   b. My mother Angela and my ~~cousin~~ **brother** Darren   c. I get on very ~~well~~ **badly** with my father   d. My ~~father~~ **uncle** is called Ivan   e. Ivan is very ~~mean~~ **nice** and fun   f. Ivan has ~~long~~ **crew-cut** hair

2. From Spanish to English

a. I like my granddad   b. My grandmother is good   c. My cousin has crew-cut hair   d. I get along well with my older brother   e. I get on badly with my cousin(f)   f. I like my granddad because he is generous   g. My father is nice and fun h. I don't like my younger brother   i. I get along badly with my cousin Ernesto because he is stupid.

3. Phrase-level translation

a. Es simpático   b. Es generosa   c. Me llevo bien con…   d. Me llevo mal con…   e. Mi tío es divertido

f. Mi hermano menor   g. Me gusta mi prima Mary   h. Tiene el pelo corto y moreno   i. Tiene los ojos azules

j. No me gusta mi abuelo   k. Es muy terco

4. Sentence-level translation

a. Me llamo Pedro Sánchez. Tengo nueve años. En mi familia hay cuatro personas.   b. Me llamo Carla. Tengo los ojos azules. Me llevo bien con mi hermano.   c. Me llevo mal con mi hermano porque es terco.   d. Me llamo Frank. Vivo en España. No me gusta mi tío David porque es antipático.   e. Me gusta mucho mi prima porque es muy buena.

f. En mi familia tengo cinco personas. Me gusta mi padre pero no me gusta mi madre.

Unit 6. (Part 2) Describing my family: WRITING (Page 45)

1. Split sentences

Mi padre es **simpático**   Mi madre es **generosa**   Tiene los **ojos negros**   Tiene el **pelo negro**   No me gusta **mi tío**
Me gusta mucho mi **tía**   Me llevo **bien con**

2. Rewrite the sentences in the correct order

a. En mi familia tengo seis personas   b. Me llevo bien con mi hermano   c. No me gusta mi tío

d. Mi madre tiene los ojos azules   e. Mi tía es simpática y divertida   f. Tengo los ojos negros

3. Spot and correct the grammar and spelling errors

a. En mi familia teng~~os~~   b. Me llev~~o~~ bien con…   c. No me gust~~a~~ mi tía…

d. Mi hermana es divertid~~a~~ / Mi herman~~o~~ es divertido   e. Me llevo mal~~e~~ con…   f. Mi padre es generos~~o~~

g. Tiene los oj~~os~~ azul~~es~~   h. Mi hermana es muy mal~~a~~   i. Tiene el pelo rapad~~os~~   j. M~~e~~ gusta mucho mi abuela

4. Anagrams

a. familia   b. delgada   c. gorda   d. guapa   e. inteligente   f. simpática   g. terco   h. divertida

5. Guided writing – write 3 short paragraphs describing the people below in the first person

Paco: Me llamo Paco y tengo doce años. En mi familia tengo cuatro personas. Me gusta mi madre porque es muy simpática. Tiene el pelo rubio y largo. Me gusta mi hermano mayor porque es divertido y muy bueno, pero no me gusta mi prima Gemma porque es muy antipática y mala.

Leo: Me llamo Leo y tengo once años. En mi familia tengo cinco personas. Me gusta mi padre porque es muy divertido. Tiene el pelo moreno y corto. Me gusta mi abuela porque es simpática y generosa. Sin embargo, no me gusta mi tío Eduardo porque es feo y terco.

Miguel: Me llamo Miguel y tengo diez años. En mi familia tengo tres personas. Me gusta mi abuelo porque es muy divertido. Tiene el pelo muy corto. Me gusta mi hermana menor porque es muy buena y tranquila. No me gusta mi tía Carolina porque es muy fuerte, pero terca.

6. Describe this person in the third person:

Mi tío se llama Antonio. Tiene el pelo rubio y muy corto. Tiene los ojos azules. Me gusta mucho mi tío. Es alto y fuerte. De caracter, es simpático, divertido y generoso.

Unit 7 - Talking about pets

Grammar Time 3: TENER (pets and description)
Questions skills 1: age/descriptions/pets

Unit 7. Talking about pets: VOCABULARY BUILDING (Page 48)

1. Complete with the missing word

a. En casa tengo un p**á**jaro   b. No tengo un **conejo**   c. Me gustaría tener un p**erro**   d. No me gustaría tener una **tortuga**

e. En **casa** tengo un gato   f. No tengo una s**erpiente**   g. **Tengo** una araña en casa   h. Me g**ustaría** tener un hámster

2. Match up

un gato – a cat   un perro – a dog   un caballo – a horse   un pájaro – a bird   un pez – a fish   una tortuga – a turtle

un hámster – a hamster   un loro – a parrot   dos peces – two fish   una rata – a rat   una cobaya – a guinea pig

3. Translate into English

a. I have a dog   b. My friend Lina has a mouse   c. I have two fish   d. I don't have animals at home   e. I have three dogs

f. I would like to have a guinea pig   g. My brother has a turtle   h. My cat is five years old

4. Add the missing letter

a. mi am**i**go   b. una tortuga   c. un l**o**ro   d. dos pe**c**es   e. un pe**z**   f. una **r**ata   g. una cobaya   h. un p**á**jaro

5. Anagrams

a. perro   b. gato   c. tortuga   d. pez   e. loro   f. serpiente   g. araña   h. cobaya

6. Broken words

a. En **casa** tengo un perro   b. Mi **amigo** Pablo t**iene** un loro   c. Mi **hermano** tiene una tortuga   d. No **tengo** un conejo

e. **Tengo** u**na** serpiente   f. Alejandro t**iene** un gato   g. **Tengo** un p**ez** azul   h. **Tengo** dos animales

7. Complete with a suitable word

a. Tengo diez **años**   b. Mi pez se **llama** Rex   c. Mi **amigo/primo** Pablo tiene un loro   d. Mi hermano **tiene** una rata

e. En **casa** tengo dos mascotas   f. **En** casa tengo dos mascotas, un perro y una **cobaya/araña**   g. En casa tengo **una** cobaya

h. En casa tengo **un** pájaro   i. Mi hermana **tiene** un caballo   j. Mi **gato/perro** es blanco y marrón

Unit 7. Talking about pets: READING (Page 49)

1. Find the Spanish for the following in Elena's text

a. dos mascotas   b. que se llaman   c. un gato   d. un perro   e. muy cariñoso   f. como mi hermano   g. mis padres

h. me llamo   i. muy antipático   j. cuatro personas

2. Find someone who? – answer the questions below about Elena, Roberto, Selene and Julio

a. Elena/Roberto   b. Roberto   c. Selene   d. Julio   e. Selene   f. Elena

3. Answer the following questions about Julio's text

a. Buenos Aires   b. He is very serious and hard-working   c. Sam, Julio's guinea-pig   d. Julio's turtle (Despacito)

e. Julio's brother   f. Julio's turtle   g. Julio's guinea-pig

4. Fill in the table below

Elena: age – **8**   city – **Madrid**   pets – **dog, cat**   description of pets – **dog - very affectionate, cat - very mean**

Roberto: age – **9**   city – **Málaga**   pets – **parrot, cat**   description of pets – **parrot - chatty, cat - playful**

5. Fill in the blanks (with the most appropriate word)

a. llamo   b. años   c. vivo   d. casa   e. mis   f. llaman   g. es   h. muy   i. y   j. tengo/tenemos   k. que   l. se   m. muy   n. es

o. igual   p. que   q. hermana

Unit 7. Talking about pets: TRANSLATION (Page 50)

1. Faulty translation: spot and correct any translation mistakes you find below

a. In my family there are four people and ~~three~~ **two** pets   b. At home we have two pets: a dog and a ~~rabbit~~ **rat**

c. My friend Paco has a ~~duck~~ **turtle** called Speedy. Speedy is very ~~boring~~ **funny**   d. My ~~sister~~ **brother** has a ~~parrot~~ **horse**
called Dylan   e. My ~~father~~ **mother** has a ~~frog~~ **guinea pig** called Nicole   f. I have a ~~dog~~ **cat** called Sleepy. Sleepy is very
~~beautiful~~ **lively**

2. Translate into English

a. A fun cat   b. An affectionate dog   c. A funny duck   d. A boring turtle   e. A beautiful horse   f. A lively rat

g. A curious guinea pig   h. I have two pets/animals   i. At home we don't have pets/animals   j. I would like to have a dog

k. I would like to have a fish   l. I have a hamster, but I'd like to have a snake

3. Phrase-level translation (English to Spanish)

a. un perro aburrido   b. un pato vivaz   c. en casa   d. tenemos   e. un caballo hermoso   f. un gato curioso   g. tengo

h. no tengo   i. me gustaría tener

4. Sentence-level translation (English to Spanish)

a. Mi hermano tiene un caballo que se llama Rayo   b. Mi hermana tiene una tortuga fea que se llama Nicole

c. Tengo un hámster gordo que se llama Gordito   d. En casa tenemos tres mascotas: un pato, un conejo y un loro

e. Tengo una rata que se llama Stuart   f. En casa tenemos tres mascotas: un gato, un perro y un hámster

g. Tengo dos peces que se llaman Nemo y Dory

Unit 7. Talking about pets: WRITING (Page 51)

1. Split sentences

Tengo un perro que **se llama Speedy.**   En casa tenemos **dos mascotas.**   Tengo una rata **blanca.**   Tengo un gato **negro.**
Me gustaría **tener una araña.**   Mi hermano tiene una **cobaya.**   No tengo animales en **casa.**

2. Rewrite the sentences in the correct order

a. En casa tenemos tres mascotas   b. Me gustaría tener una rata   c. Tengo un gato y un perro

d. Mi amigo Pablo tiene una cobaya negra   e. Tenemos un pájaro verde que se llama Fran   f. Tenemos dos peces azules

g. Mi hermana tiene un loro que se llama Nicole

3. Spot and correct the grammar and spelling [note: in several cases a word is missing]

a. En casa **tenemos** un perro **y** un gato   b. Tengo una cobaya negr**a**   c. Me gustaría tener **una** serpiente

d. Mi hermana t**iene** una gata blanca   e. Mi amigo Pedro tiene dos pe**ces**   f. Mi caballo ~~me~~ **se** llama Graham

g. Tengo un~~a~~ caballo negro   h. En casa tenemos dos mascota**s**

4. Anagrams

a. perro   b. gato   c. rata   d. pato.   e. conejo   f. cobaya   g. mascota

5. Guided writing – write 3 short paragraphs (in 1ˢᵗ person) describing the pets below using the details in the box

Paco: Me llamo Paco. Tengo un perro que tiene cuatro años. Es blanco y cariñoso.

Leo: Me llamo Leo. Tengo un pato que tiene seis años. Es azul y divertido.

Miguel: Me llamo Miguel. Tengo un caballo que tiene un año. Es marrón y es hermoso.

6. Describe this person in the third person:

Se llama Roberto. Tiene el pelo rubio y corto. Tiene los ojos verdes. Es muy simpático. Es bajo y gordo. Tiene un perro,
un gato y dos peces. Le gustaría tener una araña.

Grammar Time 3: TENER – To have: Part 2, Pets and description (Page 52)

1. Translate

a. tengo b. tienes c. tiene d. temenos e. tenéis f. tienen

2. Translate into English

a. I have a very beautiful horse. He/it is called Paco. b. My brother has a very ugly cat c. My mother has a very fun dog

d. My cousins have a very fat guinea pig e. At home we have a very noisy duck f. My friend Javier has a very big turtle

3. Complete

a. T**engo** una cobaya b. T**iene** dos años c. T**enemos** una tortuga. T**iene** cuatro años d. Mi hermana **tiene** un perro

e. Mis tíos t**ienen** dos gatos f. T**ienen** tres años g. Mi hermano y yo t**enemos** una serpiente h. ¿T**enéis** mascotas?

i. ¿Qué animales **tienes**?

4. Translate into Spanish

a. Tengo una cobaya. Tiene tres años. b. No tenemos mascotas en casa. c. Mi perro tiene tres años. Es muy grande.

d. Tengo tres hermanos. Son muy antipáticos. e. Mis primos tienen un pato y una cobaya. f. Mi tía tiene el pelo rubio, rizado y largo. Es muy guapa. g. Mi hermano y yo tenemos el pelo moreno y los ojos verdes.

Question Skills 1: Age/descriptions/pets (Page 53)

1. Match question and answer

¿Cuántos años tienes? – **Tengo quince años**

¿Por qué no te llevas bien con tu madre? – **Porque es muy estricta**

¿Cómo es tu pelo? – **Es pelirrojo**

¿Cuántos años tienen tus abuelos? – **Tienen ochenta años**

¿De qué color tienes los ojos? – **Son azules**

¿Cuál es tu color preferido? – **Es el azul**

¿Cómo estás? – **Estoy bien, gracias**

¿Tienes mascotas? – **No, no tengo**

¿Cuál es tu animal preferido? – **Es el perro**

¿Cuántas mascotas tienes? – **Tengo dos. Un gato y un loro.**

¿Cómo eres de carácter? – **Soy simpático y hablador**

¿Cómo eres físicamente? – **Soy bajo y un poco gordo**

¿Te llevas bien con tu padre? – **No, porque es muy serio y perezoso**

¿Cuándo es tu cumpleaños? – **El veinte de junio**

2. Complete with the missing words

a. ¿De **dónde** eres? b. ¿**Cómo** eres de carácter? c. ¿**Cuántos** años tiene tu padre? d. ¿Te **llevas** bien con tu madre?

e. ¿**Cuándo** es tu cumple? f. ¿**Cómo** es tu perro? g. ¿**Cuántas** mascotas tienes?

3. Translate the following question words into English

a. Which? b. When? c. Where? d. How? e. Where from? f. Who? g. How much? h. How many? i. Why?

4. Complete

a. ¿**Cuántos** años tienes? b. ¿**De dónde** eres? c. ¿**Cómo** es tu **pelo**? d. ¿**Cómo eres de carácter?**

e. ¿**Cuántas** m**ascotas** tienes? f. ¿**Cuándo** es tu **cumpleaños**? g. ¿Te **llevas** bien con tu **padre**?

5. Translate into Spanish

a. ¿Cómo te llamas? b. ¿Cuántos años tienes? c. ¿Cómo es tu pelo? d. ¿Cuál es tu animal preferido? e. ¿Te llevas bien con tu padre? f. ¿Por qué no te llevas bien con tu madre? g. ¿Cuántas mascotas tienes? h. ¿De dónde eres?

 THE LANGUAGE GYM

Unit 8 - Saying what jobs people do...
Grammar Times 4&5: -Ar verbs like trabajar + SER

Unit 8. Saying what jobs people do: VOCABULARY BUILDING (Page 56)

1. Complete with the missing word

a. Mi padre es **abogado**   b. Mi tía es **peluquera**   c. Mi hermano menor trabaja como **mecánico**   d. Mi madre es **médica**

e. Mi hermana **mayor** trabaja como **ingeniera**   f. Mi tía es **contable**   g. Mi **tío** es **granjero**

2. Match up

es aburrido – it's boring   **es activo** – it's active.   **es difícil** – it's hard   **es divertido** – it's fun

es estimulante – it's exciting   **es estresante** – it's stressful   **es fácil** – it's easy   **es gratificante** – it's rewarding

es interesante – it's interesting

3. Translate into English

a. My mother is a mechanic   b. He/she likes his/her job   c. He works in a garage   d. My brother is an accountant

e. He/she doesn't like his/her job   f. My cousin*(m)* is a hairdresser   g. He/She loves his/her job   h. Because it is fun

4. Add the missing letter

a. Es fácil b. Le gusta c. Ingeniera d. Médico e. Es estresante f. Trabaja como g. Es enfermera h. Mi tío

5. Anagrams

a. granjero b. abogado c. médica d. actor e. actriz f. contable g. peluquero h. ama de casa

6. Broken words

a. Es amo de casa b. Le gusta su trabajo c. Mi hermano es granjero d. Trabaja e. En el campo

f. Odia su trabajo g. Porque es activo h. Es muy gratificante

7. Complete with a suitable word

a. Mi madre es **peluquera/contable** b. Le **gusta** su trabajo c. Le gusta porque es **interesante** d. Trabaja en **casa**

e. Mi **primo/hermano** es peluquero f. No **le** gusta su trabajo g. Porque es muy **estresante** h. **Mi** tía es médica

i. Le gusta su **trabajo** j. Mi tío es mecánico, trabaja en un **taller**

Unit 8. Saying what jobs people do: READING (Page 57)

1. Find the Spanish for the following in Felipe's text

a. tengo veinte años   b. tengo un perro   c. mi padre trabaja como   d. médico   e. en la ciudad   f. le gusta su trabajo

g. es gratificante   h. a veces   i. le encanta su trabajo

2. Answer the questions below about Felipe, Sebastián, Samuel and Camila

a. Camila's cousin's horse   b. Sebastian's mum   c. Samuel   d. Felipe   e. Samuel   f. Sebastián

3. Answer the following questions about Samuel

a. Valencia   b. His mother   c. She is an engineer but she is not currently working

d. Because he is very very mean/unfriendly   e. Because he hates children   f. His turtle   g. She is slow but funny

4. Fill in the table below

Mariana: age – **13**   city – **Santiago de Compostela**   pets/job – **spider**   opinion of job – **N/A**

Cristóbal: age – **30**   city – **Liverpool**   pets/job – **teacher**   opinion of job – **interesting and rewarding**

5. Fill in the blanks

a. llamo b. años c.vivo d. familia e. es f. profesor g. colegio h. trabajo i. interesante j. gratificante k. padre l. un

m. llama   n. araña

Unit 8. Saying what jobs people do: TRANSLATION (Page 58)

1. Faulty translation: spot and correct [IN THE ENGLISH] any translation mistakes you find below

20

a. My father works as a~~n~~ ~~cook~~ **actor** and he really likes his job because it is ~~interesting~~ **exciting**. He works in a ~~school~~ **theatre**.

b. My aunt works as a business woman in ~~a hair salon~~ **an office**. She ~~hates~~ **likes** it but it's hard.

c. My ~~enemy~~ **friend** Fran works as a nurse. He ~~lives~~ **works** in a hospital and likes his work.

d. My uncle Gianfranco is a ~~lawyer~~ **chef** in an Italian ~~restroom~~ **restaurant** and he ~~likes~~ **loves** it.

e. My mother Angela is an ~~actress~~ **accountant** and works in an office. She ~~loves~~ **hates** her work because it is boring and repetitive.

2. Translate into English

a. my uncle works as a b. my father works as a c. househusband d. nurse e. hairdresser f. mechanic g. he/she loves his/her job h. he/she works in a workshop i. he/she works in a theatre j. he/she works in a garage k. it is rewarding l. it is hard but fun

3. Phrase-level translation (English to Spanish)

a. mi hermano mayor b. trabaja como c. granjero d. le gusta e. su trabajo f. porque es activo g. y divertido h. pero es duro

4. Sentence-level translation (English to Spanish)

a. Mi hermano es mecánico b. Mi padre es hombre de negocios c. Mi tío es granjero y odia su trabajo d. Mi hermano Darren trabaja en un restaurante e. En casa tengo una serpiente que se llama Sally f. En casa tengo un perro divertido y un gato antipático g. Mi tía es enfermera. Le gusta su trabajo… h. …porque es gratificante i. Mi tía trabaja en un hospital

Unit 8. Saying what jobs people do: WRITING (Page 59)

1. Split sentences

Mi hermano tiene **un pato negro**   Mi tía es **profesora**   Mi primo trabaja **como abogado**   Le gusta **su trabajo**

Porque es **estimulante**   Trabaja en **un restaurante**   Trabaja en una **empresa**

2. Rewrite the sentences in the correct order

a. Le gusta mucho su trabajo b. Trabaja de contable en una oficina c. Es ama de casa y le gusta d. Mi tío trabaja como granjero e. Mi hermano trabaja en un teatro f. Mi abuelo odia su trabajo g. Mi amigo es médico y trabaja en un hospital

3. Spot and correct the grammar and spelling [note: in several cases a word is missing]

a. Mi madre es am**a** de casa b. Es un**a** trabajo aburrido y difícil c. Mi hermana trabaja como peluquer**a** / Mi herman**o** trabaja como peluquera d. Ella odia su trabajo porque es dur**o** y repetitivo e. Trabaja en un**a** hospital en **la** ciudad f. Le gust**a** mucho su trabajo porque es fácil

g. Mi **padre** odi**a** su trabaj**o** h. Le gusta su trabajo porque es gratificant~~es~~

4. Anagrams

a. Médico b. Gratificante c. Repetitivo d. Le gusta e. Granja f. Restaurante g. Profesor

5. Guided writing – write 3 short paragraphs describing the people below using the details in the box [in first person]

Jorge: Me llamo Jorge. Mi padre es mecánico. Le encanta porque es activo e interesante.

Luciano: Me llamo Luciano. Mi hermano es abogado. Lo odia porque es aburrido y repetitivo.

Marta: Me llamo Marta. Mi tía es granjera. Le gusta porque es divertido pero duro.

6. Describe this person in Spanish in the 3rd person:

Se llama Magdalena. Tiene el pelo rubio y los ojos verdes. Es alta y delgada. Es trabajadora y trabaja como enfermera. Le gusta mucho su trabajo porque es gratificante pero estresante.

Grammar Time 4: The present indicative of "Trabajar" and other AR verbs (Page 60)

1. Match up

Trabaja – She/he works   **Trabajo** – I work   **Trabajan** – They work   **Trabajáis** – You guys work

Trabajamos – We work   **Trabajas** – You work

2. Translate into English

a. I sometimes work   b. My parents work a lot   c. My brother and I don't work   d. She never works

e. Do you work as a fireman?   f. Do you guys work in a shop?

3. Complete with the correct option

a. Mi hermano **trabaja** como peluquero   b. Mis padres no **trabajan**   c. Mi hermana y yo no **trabajamos**

d. Mi novia **trabaja** como azafata   e. Mis abuelos no **trabajan**   f. ¿ **Trabajáis** como policías?   g. ¿Porque no **trabajas**?

h. No **trabajo** todavía

4. Cross out the wrong option

Mis padres trabajan ~~trabajáis~~   **Mi hermano** ~~trabajas~~ trabaja   **Mi padre** trabaja ~~trabajo~~   **Mis tíos** ~~trabajáis~~ trabajan

Mis tías trabajan ~~trabajamos~~   **Tú y yo** trabajamos ~~trabajáis~~   **Nosotras** trabajamos ~~trabajan~~   **Vosotros** ~~trabaja~~ trabajáis

Mis primos trabajan ~~trabajáis~~   **Yo y ella** trabajamos ~~trabajan~~

5. Complete the verbs

a. Mi hermano y yo no trabaj**amos**   b. Mis padres no trabaj**an**   c. Mi padre trabaj**a** como abogado

d. Mis hermanos no trabaj**an**   e. Tú trabaj**as** mucho   f. Mi madre trabaj**a** en casa   g. Mis tíos trabaj**an** como cocineros

h. Mi novia trabaj**a** en una tienda de moda   i. ¡Vosotros no trabaj**áis** nunca!

6. Complete with the correct form of TRABAJAR

a. Mis padres **trabajan** como obreros   b. Mi madre **trabaja** de profesora   c. Mis padres **trabajan** como contables

d. Mi padre **trabaja** como periodista   e. Mi hermano no **trabaja**   f. Mis hermanas no **trabajan** tampoco

g. Mi tío **trabaja** de bombero   h. Mis primos y yo no **trabajamos**   i. **Trabajo** en un restaurante

j. Mi novia **trabaja** en una tienda de ropa   k. ¿Dónde **trabajas**?

Verbs like TRABAJAR

1. Complete the sentences using the correct form of the verbs in the grey box on the left

a. Ador**o** a mis abuelos   b. Desayun**a** cereales   c. Practic**amos** el esquí   d. ¿Habl**as** español?   e. ¿Dónde cen**as** ?

f. ¿Toc**áis** la guitarra?   g. Escuch**o** música rock   h. Nunca tom**o** café

Grammar Time 5: SER Part 2 Present of "Ser" and jobs (Page 63)
Drills

1. Match

Soy – I am   **Somos** – We are   **Son** – They are   **Eres** – You are   **Es** – She/he is   **Sois** – You guys are

2. Complete with the missing forms of SER

a. Mi madre yyo **somos** médicas   b. Mis hermanos **son** obreros   c. Mi hermana **es** enfermera   d. Mis padres y yo **somos** jardineros   e. ¿**Eres** abogado?   f. **Soy** bombero   g. No **son** policías   h. ¿**Sois** modelos?   i. **Sois** actores, ¿verdad?

j. Mis tíos **son** cantantes famosos

3. Translate into English

a. We are hairdressers   b. They are policemen   c. Are you a fireman?   d. María is a model

e. They are workers in a building site   f. I am a policeman   g. Are you nurses?   h. We are doctors

i. My father and I are actors   j. Are you teachers?   k. I am a plumber

4. Translate into Spanish (easier)

a. Mi padre es médico   b. Mis padres son policías   c. Mi tío es abogado   d. Soy profesor   e. Mis primos son mecánicos

f. Mi tía es cantante   g. Mi amigo Valentino es actor

5. Translate into Spanish (harder)

a. Mi hermano es alto y guapo. Es actor.   b. Mi hermana mayor es muy inteligente y trabajadora. Es científica.

c. Mi hermano menor es muy deportista y activo. Es instructor de gimnasio.   d. Mi madre es muy fuerte y trabajadora. Es médica.   e. Mi padre es muy paciente, tranquilo y organizado. Es contable.

 **THE LANGUAGE GYM**

Unit 9 - Comparing people's appearance and personality
Revision Quickie 2

Unit 9. Comparing people: VOCABULARY BUILDING (Page 66)

1. Complete with the missing word

a. Mi padre es más alto **que** mi hermano mayor   b. Mi madre es **menos** habladora que mi **tía**

c. Mi **abuelo** es más bajo que **mi** padre   d. Mis primos son **más** perezosos que **nosotros**

e. Mi perro **es** más **ruidoso** que mi **gato**   f. Mi tía es **menos** guapa que **mi** madre

g. Mi **hermano** es más **trabajador** que yo   h. Mis padres **son** más **amables** que mis tíos

i. Mi hermano menor es **tan** alto **que** yo

2. Translate into English

a. my cousins b. more c. my uncle d. my grandparents e. my sister f. my best friend g. hard-working h. my friend

i. tall j. old k. stubborn l. lazy

3. Match Spanish and English

trabajador – hard-working **guapo** – good-looking **amable** – kind **fuerte** – strong **deportista** – sporty **viejo** – old

tonto – stupid

4. Spot and correct any English translation mistakes

a. he is taller than ~~you~~ **me**   b. he is as ~~funny~~ **good-looking** as me   c. she is ~~stronger~~ **more quiet/relaxed** than me

d. I am ~~more~~ **less** fat than him   e. they are less **short** ~~shorter~~ than us   f. ~~she is~~ **I am** as old as him

g. ~~You are~~ **he/she** is more sporty than me

5. Complete with a suitable word

a. Mi madre es **más** alta **que** yo   b. **Mi** padre **es** más joven que mi tío   c. Mis padres son **tan** altos como **mis** abuelos

d. **Mis** hermanos **son** más deportistas que mis primos   e. Mi **hámster/perro** es menos ruidoso **que** mi pato

f. Mis abuelos **son** tan cariñosos **como** mis padres   g. Mi novia es **más/menos** guapa que **mi** tortuga

h. Mi tío no **es** tan fuerte **como** mi **padre**

6. Match the opposites

guapo – **feo**   trabajador – **perezoso**   joven – **viejo**   alto – **bajo**   divertido – **aburrido**   débil – **fuerte**   más – **menos**

delgado – **gordo**

Unit 9. Comparing people: READING (Page 67)

1. Find the Spanish for the following in Jorge's text

a. Vivo en b. mis padres c. guapo d. trabajador e. menos terca f. más paciente g. pero h. mi pato

i. dos mascotas j. muy amables. k. tan terco como

2. Complete the statements below based on Victoria's text

a. I am **20** years old   b. Marina is more **beautiful** than Verónica   c. Verónica is more **nice**   d. My parents are very

affectionate and **kind**   e. I am as **funny** as my father   f. We have **two** pets, a **dog** and a **rabbit**

3. Correct any of the statements below [about José Garcías text] which are incorrect

a. José García tiene ~~tres~~ **dos** mascotas   b. -   c. -   d. José García es tan hablador como su ~~cobaya~~ **loro**

e. José García prefiere a su ~~madre~~ **padre**   f. José García es ~~más~~ **tan** terco ~~que~~ **como** su madre

4. Answer the questions on the three texts above

a. Ceuta b. his mother c. José García d. Jorge e. Jorge f. Victoria g. José García h. Rubén i. Felipe is taller, more good-looking and stronger than Ale, but Ale is kinder, more hard-working and intelligent.

Unit 9. Comparing people: TRANSLATION/WRITING (Page 68)

1. Translate into English

a. tall b. thin c. short d. fat e. intelligent f. stubborn g. stupid h. good-looking i. ugly j. more… than
k. less… than l. strong m. weak n. as…as…

2. Gapped sentences

a. Mi **madre** es **más** alta **que** mi tía b. **Mi** padre **es** más **fuerte** que mi hermano mayor c. Mis **primos** son menos
deportistas que nosotros d. **Mi** hermano es **más** tonto que **yo** e. Mi madre **es tan** amable **como** mi padre
f. Mi **hermana** es **más** trabajadora que **nosotros** g. Mi **novia** es menos **seria que** yo h. Mi **abuelo** es **más** terco **que** mi
abuela

3. Phrase-level translation (English to Spanish)

a. mi madre es… b. más alta que… c. tan delgada como… d. menos terca… e. soy más bajo/baja que…

f. mis padres son… g. mis primos son… h. tan gordo como… i. son tan fuertes como… j. mis abuelos son…

k. soy tan perezoso/perezosa como…

4. Sentence-level translation (English to Spanish)

a. Mi hermana mayor es más alta que mi hermana menor b. Mi padre es tan terco como mi madre

c. Mi novia es más trabajadora que yo d. Soy menos inteligente que mi hermano

e. Mi mejor amigo es más fuerte y deportista que yo f. Mi novio es más guapo que yo

g. Mis primos son más feos que nosotros h. Mi pato es más ruidoso que mi perro

i. Mi gato es más divertido que mi tortuga j. Mi conejo es menos gordo que mi cobaya

Revision Quickie 2: Family, Pets and Jobs (Page 69)

1. Match

obrero – worker **abogado** – lawyer **enfermero** – nurse **camarero** – waiter **periodista** – journalist **médico** – doctor
azafata – air hostess **bombero** – firefighter **informático** – IT worker

2. Sort the words listed below in the categories in the table

Descripciones: b, d, e, k, l, m, r **Animales:** q, s, t **Trabajos:** a, c, g, h, n **Familia:** f, i, j, o, p

3. Complete with the missing adjectives

a. Mi padre es **gordo** b. Mi madre es **alta** c. Mis hermano es **bajo** d. Mi novia es **guapa** e. Mi primo es **molesto**
f. Mi profesor de inglés es **aburrido**

4. Complete with the missing nouns

a. Mi padre trabaja como **abogado** b. Mi madre es **enfermera** c. Mi mejor amigo es **periodista**
d. Mi hermana es **azafata** e. Mi primo es **estudiante** f. Yo trabajo como **médica/ médico** g. Marta es **dependienta**
h. Mi abuela es **cantante**

5. Match the opposites

alto – **bajo** guapo – **feo** gordo – **delgado** perezoso – **trabajador** inteligente – **estúpido** ruidoso – **silencioso**
malo – **bueno** paciente – **impaciente**

6. Complete the numbers below

a. cato**rce** b. cuar**enta** c. ses**enta** d. cincu**enta** e. set**enta** f. nov**enta**

7. Complete with the correct verb

a. Mi madre **es** alta b. **Tengo** el pelo negro c. **Trabajo** como fontanero d. Mi padre **tiene** cuarenta años
e. ¿Cuántas personas **hay** en tu familia? f. Mis hermanos **son** altos g. Mi hermano no **trabaja** h. Mi novia **se llama** Gabi

Unit 10 - Saying what's in my school bag
Grammar Times 6&7: Tener & Agreements

Unit 10. Saying what's in my school bag: VOCAB BUILDING (Page 72)

1. Complete with the missing word

a. tengo un **cuaderno**   b. me hace falta una **goma**   c. no tengo **un** bolígrafo

d. mi amigo **tiene** un papel   e. tengo **una** calculadora   f. me hace falta una **silla**   g. no tengo una **regla**

h. mi amigo tiene **tijeras**

2. Match up

una goma – an eraser   **un lápiz** – a pencil   **una agenda** – a planner   **una silla** – a chair   **tengo un** – I have a…

me hace falta – I need   **no tengo un** – I don't have a   **un sacapuntas** – a sharpener   **un bolígrafo** – a pen

3. Translate into English

a. I have an eraser   b. My friend has a planner   c. I don't have an exercise book   d. I have a pencil

e. I don't have a sharpener   f. I need a felt tip pen   g. There is a computer   h. I don't have a felt tip pen

4. Add the missing letter

a. un sacapuntas   b. una g**o**ma   c. me hace f**a**lta   d. no tengo   e. una **a**genda   f. mi ami**g**o   g. no t**i**ene   h. una pizarra

5. Anagrams

a. Lápices   b. Estuche   c. Naranja   d. Blanco   e. Tijeras   f. Mochila   g. Pegamento   h. Verde

6. Broken words

a. En mi m**o**chila **tengo** un **estuche**   b. En mi **estuche** tengo unos **lápices**   c. No t**e**ngo una goma

d. Me ha**c**e f**a**lta una **regla**   e. Hay una **pizarra**   f. **T**engo unos bol**í**grafos azules   g. Me ha**c**e f**a**lta **un rotulador**

7. Complete with a suitable word

a. Tengo un **lápiz/bolígrafo**   b. Me hace **falta** un lápiz   c. Me gusta el color **rosa**   d. **Tengo** un ordenador

e. Un lápiz **negro**   f. Una **goma** roja   g. Mi **hermano** tiene un estuche   h. **No** tengo una regla

i. Mi amigo no **tiene** un rotulador   j. Unos lápices **verdes**   k. Hay **una** pizarra

Unit 10. Saying what's in my school bag: READING (Page 73)

1. Find the Spanish for the following in Renata's text

a. tengo doce años   b. vivo en Roma   c. hay cuatro personas   d. un gato blanco   e. un lapiz rojo   f. un bolígrafo amarillo

g. es mi favorita   h. solo tiene una cosa   i. en su casa   j. un caballo gris

2. Find Someone Who – which person…

a. Andrea   b. Andrea   c. Emiliano   d. Lucas   e. Renata   f. Emiliano

3. Answer the following questions about Lucas' text

a. Cádiz   b. his brother   c. 20 tables and 20 chairs.   d. very pretty   e. a whiteboard, tables and chairs.   f. a rat

g. white and funny

4. Fill in the table below

Renata: age – 12   **city** – Roma   **items in pencil case** – a red pencil, a yellow pen, a red ruler and a white eraser

Andrea: age – 15   **city** – Paris   **items in pencil case** – a blue pencil, a yellow felt tip pen, a new ruler and an eraser

5. Fill in the blanks

a. llamo   b. años   c.vivo   d. hay   e. clase   f. un   g. pizarra   h. estuche   i. lápiz   j. azul   k. goma   l. amigo/a

m. lápices   n. goma   o. profesor/a   p. simpático/a   q. una

THE LANGUAGE GYM

Unit 10. Saying what's in my school bag: TRANSLATION (Page 74)

1. Faulty translation: spot and correct [IN THE ENGLISH] any translation mistakes you find below

a. In my class there ~~is a~~ **are two** whiteboards and a computer. I **don't** like my teacher.

b. I **don't** have many things in my pencil case. I have a ~~red~~ **pink** pencil but I don't have ~~an eraser~~ **a ruler**.

c. My friend Emilio has ~~five~~ **four** people in his family. He needs a black ~~pen~~ **felt tip pen** and a diary.

d. I need ~~paper~~ **a sharpener** and a gluestick. I don't have a ruler or a pen. I ~~hate~~ **love** my teacher!

e. In my class there are thirty **tables** ~~cats~~ and thirty chairs. I need a ~~calculator~~ **diary** but I **do** have a dictionary.

2. Translate into English

a. I need a   b. I have a black pencil   c. I have a blue pen   d. A green ruler   e. I have a dog at home

f. My friend has a book   g. My dad works as a   h. I like my teacher*(m)*   i. Some yellow pencils   j. A big whiteboard

k. I have many things   l. I don't have a sharpener   m. I need a dictionary

3. Phrase-level translation (English to Spanish)

a. Un libro rojo   b. Una calculadora negra   c. No tengo   d. Necesito/Me hace falta   e. Me gusta   f. Hay   g. Tengo

h. Mi amigo tiene

4. Sentence-level translation (English to Spanish)

a. Hay veinte mesas   b. Hay una pizarra   c. Mi profesor es simpático **or** Mi profesora es simpática

d. Tengo unos bolígrafos azules   e. Tengo unos lápices naranjas   f. Necesito una goma y un sacapuntas

g. Necesito una silla y un libro   h. Mi clase es muy grande y bonita   i. Mi padre es profesor

Unit 10. Saying what's in my school bag: WRITING (Page 75)

1. Split sentences

Tengo una **calculadora**   Me hace **falta un lápiz**   Mi clase **es grande**   Hay treinta **mesas**   Mi amigo no **tiene una pluma**

No me **gusta mi tío**   Tengo un **bolígrafo**

2. Rewrite the sentences in the correct order

a. Me hace falta una calculadora   b. Tengo una regla roja y un lápiz negro   c. Mi clase es muy grande

d. Mi amigo tiene un libro blanco   e. No tengo una agenda azul   f. En mi casa tengo una tortuga verde

g. Mi padre es médico y trabaja en un hospital

3. Spot and correct the grammar and spelling [note: in several cases a word is missing]

a. En mi clase hay veinte mesa**s**   b. Tengo un**a** calculadora negra   c. En mi estuche yo **tengo** muchas cosas

d. Mi amigo no **tiene** nada en su estuche**s**   e. M**e** hace falta un lápiz y un**a** goma

f. Mi amigo Fernando tiene láp**ices** de todos los color**es**   g. Mi madre es mecánic**a** y trabaja en un~~a~~ garaje

h. Soy alto y fuerte. Tengo el pelo rubi**o** y los ojos azul**es**

4. Anagrams

a. estuche   b. pizarra   c. bolígrafo   d. mesas   e. rotulador   f. sacapuntas   g. profesor

5. Guided writing – write 4 short paragraphs describing the pets below using the details in the box [I]

Natalia: Me llamo Natalia. Vivo en Madrid. Tengo un cuaderno, pero no tengo un bolígrafo y me hace falta una agenda.

Iker: Me llamo Iker y vivo en Pamplona. Tengo una regla, pero no tengo lápiz y me hace falta papel.

Julieta: Me llamo Julieta y vivo en Valencia. Tengo un rotulador, pero no tengo un sacapuntas y necesito un pegamento.

6. Describe this person in Spanish:

Se llama Diego. Tiene un caballo negro. Tiene el pelo castaño y los ojos azules. Tiene un bolígrafo, un lápiz, una regla y una goma. Sin embargo, no tiene un sacapuntas, papel ni una silla. Su color favorito es el azul.

Grammar Time 6: TENER (Part 3) + AGREEMENTS
Present indicative of "Tener" + Agreements: Verb drills (1) (Page 77)

1. Match up

tengo – I have **tenemos** – we have **tienes** – you have **tiene** – he/she has **tenéis** – you guys have **tienen** – they have

2. Complete with the missing word (pets and family members)

a. No **tengo** mascotas b. **Tenemos** un gato gris c. **Tienen** dos tortugas d. ¿**Tienes** hermanos? e. ¿**Tenéis** mascotas?

f. Mi hermano **tiene** una cobaya g. Mi primo no **tiene** mascotas h. Mis primos no **tienen** mascotas

3. Complete with the present indicative form of "tener"

yo **tengo** tú **tienes** él/ella/usted **tiene** nosotros **tenemos** vosotros **tenéis** ellos/ellas **tienen**

4. Add in the correct ending

a. Mi primo no tien**e** mascotas b. Mis tíos tien**en** dos perros c. Ahora ten**go** clase de historia

d. A las doce ten**emos** geografía e. Mi hermano tien**e** diez años f. Mis padres tien**en** cuarenta años

g. Mi padre tien**e** el pelo blanco h. Mis hermanas tien**en** el pelo pelirrojo

5. Complete with the missing form of "tener"

a. Mi padre **tiene** cuarenta años b. Mi madre **tiene** treinta y dos años

c. Mis padres **tienen** los ojos azules, pero yo **tengo** los ojos negros d. Mi tío Mario no **tiene** pelo

e. ¿**Tienes** hermanos? f. **Tenéis** el pelo muy hermoso g. No **tengo** mascotas, pero mi hermano **tiene** una cobaya

6. Translate into Spanish

a. Mi padre tiene los ojos azules b. No tengo mascotas c. No tengo un bolígrafo d. En mi estuche tengo una regla

e. ¿Tienes rotuladores? f. Tengo un perro en casa g. Mi madre tiene cuarenta años h. Mi padre tiene treinta y ocho años

i. ¿Tenéis historia hoy? j. ¿Cuántos años tienes?

Present indicative of "Tener" + Agreements: Verb drills (2) (Page 78)

7. Translate the pronoun and verb into Spanish as shown in the example

I have (**yo**) **tengo** you have (**tú**) **tienes** she has (**ella**) **tiene** he has (**él**) **tiene** we have (**nosotros**) **tenemos**

you guys have (**vosotros**) **tenéis** they*(f)* have (**ellas**) **tienen** they*(m)* have (**ellos**) **tienen**

8. Translate into Spanish. Topic: Pets and colours

a. Tenemos un loro azul b. Tengo dos tortugas verdes c. Mi hermano tiene una cobaya blanca

d. Mis tíos tienen un caballo negro e. Mi hermana tiene una araña roja y negra f. No tenemos mascotas en casa

g. ¿Tienes mascotas en casa?

9. Translate into Spanish. Topic: family members

a. No tengo hermanos b. Tenemos dos abuelos c. Mi madre no tiene hermanas d. ¿Tienes hermanos (o hermanas)?

e. ¿Tenéis primos? f. No tengo hermanos

10. Translate into Spanish. Topic: Age

a. Tienen quince años b. Tenemos catorce años c. Tengo dieciséis años d. Tenéis doce años e. ¿Cuántos años tienes?

f. Mi madre tiene cuarenta años

11. Translate into Spanish. Topic: Hair and eyes

a. Tengo el pelo moreno b. Tenemos los ojos azules c. Tiene el pelo rizado d. Mi madre tiene el pelo rubio

e. ¿Tienes los ojos grises? f. Tienen los ojos verdes g. Mi hermano tiene los ojos marrones

h. No tenemos pelo/ Somos calvos i. Tenéis unos ojos muy bonitos j. Mi padres tienen el pelo pelirrojo

k. No tienes pelo / Éres calvo l. Mi hermana tiene el pelo muy largo

THE LANGUAGE GYM

Grammar Time 7: Agreements (Part 1) (Page 79)

1. Complete the table

yellow – **amarillo**   **pink** – rosa, rosado   **grey** – gris   green – **verde**   red – **rojo**   **purple** – morado   **orange** – naranja
black – **negro**   **white** – blanco   blue – **azul**

2. Translate into English

a. a yellow pencil   b. a black pencil case   c. two pink exercise books   d. some red marker pens   e. a blue fountain pen
f. two blue fountain pens   g. an orange schoolbag   h. a grey sharpener   i. a red fountain pen   j. a red and yellow schoolbag

3. Provide the feminine version of each adjective in the table

amarillo – **amarilla**   verde – **verde**   azul – **azul**   rojo – **roja**   blanco – **blanca**   negro – **negra**   naranja – **naranja**

4. Complete with the missing adjective

a. Tengo una mochila **roja**   b. Tengo un bolígrafo **negro**   c. Tengo una pluma **azul**   d. Tengo una regla **amarilla**
e. Tengo una hoja **blanca**   f. Tengo dos tijeras **rojas**   g. Tengo unos rotuladores **azules**   h. Tengo una mochila **negra**

5. Translate into Spanish

a. una pluma roja   b. una regla negra   c. una mochila verde   d. un estuche amarillo   e. dos reglas verdes
f. dos tijeras azules   g. dos cuadernos rosas

6. Translate into Spanish

a. Tengo un bolígrafo rojo y una pluma azul   b. Felipe tiene una mochila verde   c. ¿Tienes un estuche blanco?
d. ¿Tenéis unos rotuladores rojos?   e. Tengo una hoja de papel rosa   f. Tenemos una mochila amarilla
g. Tiene una regla negra y blanca

Unit 11 - (Part 1/2)
Talking about food: Likes/dislikes and why
Grammar Time 8: Comer /Beber

Unit 11. Talking about food (Part 1): VOCABULARY BUILDING (Part 1) (Page 82)

1. Match up

los plátanos – bananas   **las fresas** – strawberries   **la carne** – meat   **el pollo** – chicken   **el agua** – water   **la leche** – milk

los huevos – eggs   **las gambas** – prawns   **las hamburguesas** – burgers   **la fruta** – fruit   **las manzanas** – apples

2. Complete

a. Me gusta mucho el **pollo**   b. Me encantan las **gambas**   c. Me gustan las **fresas**   d. Prefiero la **leche**

e. Me encantan los **plátanos**   f. Me encanta el **agua** mineral   g. No me gustan los **tomates**   h. Odio el **pollo**

i. Me encanta la **fruta**   j. No me gustan los **huevos**

3. Translate into English

a. I like fruit   b. I hate eggs   c. I love roasted chicken   d. I like burgers   e. I hate meat   f. I prefer oranges

g. I don't like tomatoes   h. I hate milk

4. Complete the words

a. los hu**evos**   b. los pl**átanos**   c. la fr**uta/fr**esa   d. las verd**uras**   e. las hamb**uguesas**   f. las ga**mbas**   g. las man**zanas**

h. el a**gua/ arroz**

5. Fill the gaps with either 'me gusta' or 'me gustan' as per your own preference

a. No **me gustan** los huevos   b. **Me gusta** el agua   c. **Me gusta** el pollo   d. **Me gustan** las hamburguesas

e. **Me gustan** las verduras   f. **Me gusta** la carne   g. **Me gusta** la fruta   h. **Me gustan** las gambas   i. **Me gusta** la pasta

6. Translate into Spanish

a. Me gustan los huevos   b. Me encantan las naranjas   c. Odio los tomates   d. No me gustan las gambas

e. Me encanta la fruta   f. No me gustan las verduras   g. Odio la leche

Unit 11. Talking about food (Part 1): VOCABULARY BUILDING (Part 2) (Page 83)

1. Complete with the missing words. The initial letter of each word is given

a. Estos plátanos son a**squerosos**   b. Estas manzanas son d**eliciosas**   c. Este pollo es muy p**icante**   d. No me gusta la **carne**

e. Este café es muy d**ulce**   f. Las hamburguesas son m**alsanas**   g. Las verduras son s**anas**   h. Me encanta la l**eche**

2. Complete the table

la leche – **milk**   **pollo asado** – roast chicken   el pescado – **fish**   los huevos – **eggs**   **el agua** – water   **el pan** – bread

los cereales – **cereals**   el pan tostado – **toast**   **las verduras** – vegetables

3. Complete with 'me gusta' or 'me gustan' as appropriate

a. **Me gustan** las manzanas   b. **Me gusta** la leche   c. No **me gustan** los cereales   d. **Me gusta** el pan tostado

e. **Me gustan** las verduras   f. No **me gusta** la pasta   g. **Me gusta** el arroz   h. No **me gusta** el café

4. Broken words

a. No me g**ustan** los h**uevos**   b. Me e**ncantan** las m**anzanas**   c. O**dio** las h**amburguesas**

d. Me g**ustan** m**ucho** los **chocolates**   e. El **café** es s**abroso**   f. El **pescado** es **sano**   g. El curry indio es **picante**

5. Complete with a suitable word. Make sure each sentence is logical and grammatically correct

a. Las **hamburguesas** no son sanas   b. Los plátanos son **sanos**   c. No me **gusta** la leche   d. Me **encanta** el pollo asado

e. **Me encanta** el pescado porque es sano   f. **Odio/No me gusta** la carne roja porque es malsana.

g. **Me gustan** las verduras porque son sanas y deliciosas

Unit 11. Talking about food (Part 1): READING (Page 84)

1. Find the Spanish for the following in Roberto's text

a. me encanta el marisco   b. me gustan las gambas   c. son deliciosos   d. me gusta mucho el pescado   e. el salmón

f. me gusta bastante   g. además   h. sobre todo   i. no son sabrosas

2. Fernando or Roberto? Write F or R next to each statement below

a. *Roberto*   b. Fernando   c. Fernando   d. Roberto   e. Roberto   f. Fernando   g. Fernando and Roberto

h. Fernando   i. Fernando

3. Complete the following sentences based on Alejandro's text

a. Alejandro loves **vegetables**   b. He eats them **every day**   c. His favourite vegetables are **spinach**, **carrots** and

aubergines/egg plants   d. He also likes **fruit** because it is **healthy** and **delicious**   e. He hates **meat** and **fish**

4. Fill in the table below (in English) about Javier

Loves – meat   **Likes a lot** – burgers, fruit   **Doesn't like** – vegetables, fries/chips   **Hates** – tomatoes, carrots, eggs

Unit 11. Talking about food (Part 1): TRANSLATION (Page 85)

1. Faulty translation: spot and correct [IN THE ENGLISH] any translation mistakes you find below

a. I ~~hate~~ **love** prawns   b. I ~~like~~ **hate** ~~meat~~ **chicken**   c. I ~~don't~~ like honey   d. I love ~~apples~~ **oranges**   e. Eggs are ~~tasty~~

disgusting   f. Bananas are rich in ~~protein~~ **vitamins**   g. Fish is **very** ~~un~~healthy   h. I prefer ~~tap~~ **mineral** water   i. I ~~love~~ **hate**

vegetables   j. I love rice ~~pudding~~   k. I ~~quite~~ **don't** like fruit   l. Fried squid is ~~salty~~ **tasty**

2. Translate into English

a. Prawns are tasty   b. Fish is delicious   c. Chicken is rich in proteins   d. I love rice   e. Red meat is unhealthy

f. Some fried squid   g. Eggs are disgusting   h. I prefer sparkling water   i. I quite like prawns   j. I don't like vegetables

k. I like carrots   l. This coffee is very sweet   m. A disgusting apple   n. Some delicious oranges

3. Phrase-level translation (English to Spanish)

a. el pollo picante   b. este café   c. me gusta bastante   d. muy dulce   e. una manzana asquerosa   f. unas naranjas deliciosas

g. no me gusta   h. me encanta   i. el pescado sabroso   j. el agua mineral   k. la carne asada

4. Sentence-level translation (English to Spanish)

a. Me gusta mucho el pollo picante   b. Me gustan las naranjas porque son sanas   c. La carne es sabrosa pero malsana

d. Este café es muy dulce   e. Los huevos son asquerosos   f. Me encantan las naranjas. Son deliciosas y ricas en vitaminas

g. Me encanta el pescado. Es sabroso y rico en proteínas   h. Las verduras son asquerosas   i. Prefiero los plátanos

j. Este té es dulce.

Unit 11. Talking about food (Part 1): WRITING (Page 86)

1. Split sentences

Me gusta el pollo **asado.**   Odio las verduras porque **son asquerosas.**   Prefiero la **fruta.**   Este **café es dulce.**   Me gusta

bastante la **carne.**   Los calamares fritos son **sabrosos pero malsanos.**   Me encantan **los plátanos.**

2. Rewrite the sentences in the correct order

a. Me encanta el pollo asado   b. Odio las verduras   c. Este café es dulce   d. Los calamares fritos son malsanos

e. Prefiero el agua mineral   f. Las verduras son asquerosas   g. Me gustan mucho las naranjas porque son deliciosas

3. Spot and correct the grammar and spelling

a. Me gusta**n** las naranjas   b. No **me** gustan las verduras   c. Los huevos **son** asquerosos   d. Me encanta este caf**é**

e. Prefiero las zanahorias   f. Odio **la** carne

4. Anagrams

a. asqueroso   b. verduras   c. carne   d. pescado   e. sano   f. dulce   g. leche

5. Guided writing – write 4 short paragraphs describing the pets below using details in the box [I]

Natalia: Me llamo Natalia. Me encanta el chorizo porque es picante. Me gusta bastante la leche porque es sana, pero no me gusta la carne roja y odio los huevos porque son asquerosos.

Iker: Me llamo Iker y me encanta el pollo porque es sano. Me gustan bastante las naranjas porque son dulces, pero no me gusta el pescado y odio la carne porque es malsana.

Julieta: Me llamo Julieta y me gusta la miel porque es dulce. Me gusta bastante el pescado porque es sabroso, pero no me gustan las frutas y odio las verduras porque son aburridas.

6. Write a paragraph on Rafa in Spanish [using the third person singular]

Se llama Rafa y tiene dieciocho años. Es alto, guapo, deportista y simpático. Es estudiante. Le encanta el pollo, le gustan las verduras, pero no le gusta la carne roja y odia el pescado.

Grammar Time 8: COMER/BEBER - Talking about food (Part 1) (Page 88)

1. Match

como – I eat   **comes** – you eat   **come** – he/she eats   **comemos** – we eat   **coméis** – you guys eat   **comen** – they eat

2. Translate into English

a. I eat pasta   b. He/she drinks pear juice   c. I never eat meat   d. He/she eats a lot of fish   e. We drink water

f. They never eat chicken   g. I often eat rice   h. Do you eat chicken?   i. What do you guys eat?   j. I often drink juice

3. Spot and correct the mistakes

a. Mi padre com**e** pasta   b. Mi hermano y yo no com**e**mos verduras   c. Mi madre nunca com**e** chocolate

d. Mis hermanos beb**en** mucho zumo de fruta   e. Nunca beb**o** café   f. Mi hermana com**e** carne todos los días

g. ¿Com**éis** carne de caballo?   h. ¿Qué beb**es** tú?

4. Complete

a. Mi padre **come** mucha fruta   b. Nunca **bebo** zumo de kiwi   c. ¿**Comes** pollo?   d. Mi madre y yo **comemos** mucha pasta

e. Mis padres **beben** mucha agua   f. Mi hermana **bebe** mucho chocolate caliente   g. Mi novia nunca **bebe** vino

h. ¿Qué **coméis** para el desayuno?

5. Translate into Spanish

a. Como pasta   b. Bebemos zumo de naranja   c. ¿Qué comes?   d. ¿Qué bebéis?   e. Comemos mucha carne   f. No comen mucho pescado   g. Nunca come verduras   h. Bebemos mucha agua mineral

6. Translate into Spanish

a. Nunca como carne roja. No me gusta porque es malsana.   b. Raramente como salchichas. No me gustan porque son grasientas.   c. Bebo zumo de frutas a menudo. Me encanta porque es delicioso y sano.   d. Como paella todos los días. Me encanta porque es muy sabrosa.   e. Raramente como verduras. Son sabrosas, pero no me gustan porque están asquerosas.

f. Nunca bebo té o café porque no me gustan.

Unit 12 - (Part 2/2)

Talking about food: Likes/dislikes and why

Grammar Times 9&10: Agreement (food)

Question Skills 2

Unit 12. Talking about food – Likes/Dislikes (Part 2): VOCABULARY (Page 91)

1. Match

el agua – water   **el pescado** – fish   **el arroz** – rice   **el bocadillo** – sandwich   **el pollo asado** – roast chicken

la carne – meat   **los calamares** – squid   **las gambas** – prawns   **la miel** – honey   **el queso** – cheese

las salchichas – sausages   **las fresas** – strawberries   **las verduras** – vegetables   **la fruta** – fruit

2. Complete with the missing words

a. Me gustan los **mariscos**   b. Me encanta la **ensalada**   c. Me gustan mucho las **verduras**   d. Me gustan las **manzanas**

e. Este **pollo** es delicioso   f. Esta **carne** es muy jugosa   g. Me gustan mucho los **plátanos**   h. Me encanta la **miel**

i. No me gusta el **pescado**

3. Complete with the missing letters

a. el a**gua** – water   b. la **car**ne – meat   c. la fr**uta** – fruit   d. el **lim**ón – lemon   e. la manza**na** – apple

f. la pat**ata** – potato   g. los mar**iscos** – seafood   h. la fr**esa** – strawberry   i. jug**oso** – juicy   j. el pes**cado** – fish

k. cas**ero** – homemade   l. el ar**roz** – rice   m. el hel**ado** – ice cream   n. el melo**cotón** – peach   o. la cer**eza** – cherry

p. bu**eno** – good   q. el p**an** – bread   r. pi**cante** – spicy

4. Match

fuerte – strong   **frito** – fried   **jugoso** – juicy   **sabroso** – tasty   **saludable** – healthy   **bueno** – good   **delicioso** – delicious

grasiento – greasy/fatty   **asqueroso** – disgusting   **dulce** – sweet   **amargo** – bitter

5. Sort the items below in the appropriate category

fruta: i, j, l, v   **verdura:** w, t   **adjetivos:** a, b, c, d, e, g, h, k, m, p, s   **pescado/carne:** f, n, o, q, r   **productos lácteos:** u, x

Unit 12. Talking about food – Likes/Dislikes (Part 2): READING (Part 1) (Page 92)

1. Find the Spanish for the words below in Fernando's text.

a. egg – h**uevo**   b. tea – t**é**   c. sweet – d**ulce**   d. sugar – a**zúcar**   e. noon – m**ediodía**   f. chicken – p**ollo**

g. roast – a**sado**   h. after – d**espués**   i. cup – t**aza**   j. honey – m**iel**   k. vegetables – v**erduras**   l. healthy – s**anas**

m. delicious – d**eliciosa**   n. dinner – c**ena**   o. tasty – s**abroso**   p. pastries – p**asteles**

2. Complete the following sentences based on Fernando's text

a. In general, at breakfast I only eat an **egg** and a cup of **tea**   b. I like tea **sweet** with a lot of **sugar**   c. At **noon**, for lunch I eat **roast chicken** with **vegetables** and drink **mineral water**   d. I eat a lot of vegetables because they are **healthy** and delicious   e. As a snack I have two **toasts** with **honey** and drink a **cup** of tea   f. At dinner I usually eat **rice**, seafood or **fish** with **vegetables** and for dessert, one or two **pastries**   g. Sometimes I eat **chicken**.

3. Find the Spanish for the following in Roberto's text

a. No desayuno mucho   b. A mediodía almuerzo/como   c. Pollo asado   d. De postre   e. Uno o dos pasteles

f. Me gustaría comer   g. Una taza de té   h. Después del colegio   i. Arroz, mariscos o pescado

j. Tostadas con mermelada   k. Las hamburguesas no son sanas   l. Muy dulce   m. Una manzana o un plátano

Unit 12. Talking about food – Likes/Dislikes (Part 2): READING (Part 2) (Page 93)

4. Who says this, Roberto or Fernando? Or both?

a. Roberto   b. Fernando   c. Roberto   d. both   e. Fernando   f. Roberto   g. Roberto   h. Roberto   i. both   j. Fernando

k. Roberto   l. Fernando

5. Answer the following questions on Eugenio's text

a. a lot   b. a banana, 2 or 3 eggs and a toast with ham   c. sweet   d. orange juice   e. chicken or vegetables

f. because they are bitter and full of vitamins   g. mermelade and butter   h. because it's not healthy

6. Find in Eugenio's text the following:

a. pastel   b. espárragos   c. zumo   d. jamón   e. plátano   f. mantequilla   g. sano   h. taza   i. comer   j. naranja   k. ricos

l. merienda

Unit 12. Talking about food – Likes/Dislikes (Part 2): WRITING (Page 94)

1. Split sentences

Siempre como pollo **asado**   Desayuno cereales **con leche**   Tomo una tostada con **mantequilla**

Me gusta la ensalada **verde**   La carne roja es **deliciosa pero malsana**   El curry es **muy picante** El plátano es mi **fruta**

favorita   Bebo té **o café**

2. Complete with the correct option

a. Me encanta el **marisco**, sobre todo los calamares   b. Por lo general, **almuerzo** arroz con pollo   c. Normalmente

desayuno cereales, en la cocina   d. Siempre almuerzo **pollo** asado con mi hermano   e. Ceno pescado y una ensalada **verde**

f. Normalmente, meriendo un bocadillo de **queso**   g. Me gusta mucho la **miel** porque es muy dulce   h. El café es **amargo**,

pero me encanta   i. No me **gusta** la leche, ¡qué asco!   j. La fruta es dulce y **ligera**

3. Spot and correct the grammar and spelling mistakes [note: in several cases a word is missing]

a. Por lo general, almuerzo una hamburguesa con patatas fritas   b. Bebo agua o zumo **de** fruta   c. La carne roja no es sana**s**,

pero me gusta**n**   d. Me encanta**n** el zumo de naranja   e. Después del colegio meriendo dos tostada**s con** miel   f. Bebo un**a**

taza de té con leche   g. Me encant**a** la miel porque es delicios**a** y es rica en vitamina**s**   h. Para la cena yo com**o** arroz o~~r~~

pescado con verduras   i. Me encantan las verduras porque son sana**s**   j. Mi pescado favorito es el salmón. ¡Es delicioso!

4. Complete the words

a. al**muerzo**   b. c**ena**   c. d**esayuno**   d. p**icante**   e. a**margo**   f. d**ulce**   g. s**ano**

5. Guided writing – write 3 short paragraphs in the first person [I] using the details below

Elías: Me llamo Elías. Para el almuerzo como pollo con arroz en la cocina con mi hermano y luego voy a la playa.

Santino: Me llamo Santino. Para el almuerzo como una hamburguesa en el comedor con mi hermana y luego leo un libro.

Julieta: Me llamo Julieta. Para el almuerzo como una ensalada en el jardín con mi madre y luego escucho música.

6. Sentence level translation (English – Spanish)

a. Me encanta el zumo de fruta porque es dulce y refrescante   b. No me gusta el salmón porque es asqueroso

c. Para la merienda como un bocadillo de queso   d. Siempre bebo leche con miel. Me gusta porque es dulce

e. Me gusta el pescado, pero el pollo no es muy sabroso.

Grammar Time 9: AR Verbs (Part 2)
DESAYUNAR, CENAR, TOMAR and ALMORZAR DRILLS (Page 95)

1. Complete with the missing letters

a. Desayun**o** cereals con leche   b. Mi madre tom**a** un café   c. Mis padres tom**an** un té   d. Mi padre almuerz**a**
arroz con pollo   e. Mis hermanas no cen**an** mucho   f. Almuerz**o** fruta o ensalada   g. ¿Qué almuerz**as** tú?   h. ¿Qué cen**an**
ellos?   i. Mis padres no desayun**an**   j. A mediodía mi amigo Paco cen**a** carne   k. Mi hermano y yo cen**amos** muy poco
l. Mi hermano mayor desayun**a** tres huevos

2. Complete with the missing forms of 'Desayunar'

a. No **desayuno** mucho. Solo tomo un café   b. Mi madre solo **desayuna** una fruta   c. Mis padres solo **desayunan** una
tostada con mermelada   d. Mi hermana **desayuna** cereales con leche   e. Mi hermano y yo **desayunamos** dos tostadas con
mantequilla   f. ¿Qué **desayunas** tú?   g. Y vosotros, ¿Qué **desayunáis**?

3. Spot and correct the errors with the verbs 'Tomar', 'Almorzar' and 'Cenar'

a. No tom**o** café   b. Mi madre cena~~s~~ un bistec y verduras   c. Mi hermano y yo no alm**orzamos**   d. Mi padre nunca tom**a**
alcohol   e. Mi amigo Paco nunca toma~~n~~ el desayuno   f. Mi novia y yo tom**amos** un café con leche en la cantina del colegio
g. Mi novia nunca cena~~n~~ carne roja

4. Translate into English

a. My mother never has lunch   b. My sister never has steak for lunch   c. I sometimes have coffee with milk
d. Generally, we have eggs for breakfast   e. What do you normally have for lunch?   f. I only have one or two toasts and a
cup of coffee for breakfast   g. For breakfast my brothers have cereals with milk

5. Translate into Spanish

a. For dinner I eat – **C**eno   b. For lunch we eat – **A**lmorzamos   c. For breakfast she has – **D**esayuna
d. They have – **T**oman   e. She has – **T**oma   f. For dinner we eat – Cen**amos**   g. For lunch you have – **A**lmuerzas
h. For breakfast they have – **D**esayunan

6. Translate into Spanish

a. Para el desayuno tomo huevos y una salchicha. También tomo un café con leche.

b. Mi amigo Paco no toma demasiado para el almuerzo, solo pollo y arroz.

c. Para la cena, comemos mucho. Tomamos un bistec o pescado con patatas.

d. A mediodía tomo una taza de café en la cantina con mi novia.

e. Mi novia nunca come carne roja. Solo come pescado o pollo.

f. Mis padres comen mucho para el almuerzo. Sin embargo, mi hermano y yo solo comemos una ensalada.

g. Mis hermanas no comen mucho para la cena. En general toman una sopa o verduras.

Grammar Time 10: AGREEMENTS (Part 2) (Food) (Page 98)

1. Choose the correct option as shown in the example

El pescado es **sano**.   Este pan es **delicioso**.   Esta carne es **dura**.   La leche es **asquerosa**.   El cerdo es **grasiento**.

Esta manzana es **asquerosa**.   Esta fresa es **dulce**.   Los mariscos son **sanos**.

2. Write the opposite version of the adjectives below

asqueroso – asquerosa   delicioso – **deliciosa**   **grasiento** – grasienta   dulce – **dulce**   picante – **picante**   **sano** – sana

dulces – **dulces**   picantes - **picantes**

3. Translate into English

a. These prawns are disgusting   b. These strawberries are delicious   c. This seafood is tasty   d. This apple is revolting

e. This fish is very good   f. This chicken is too spicy

4. Tick the grammatically correct sentences and correct the incorrect ones

a. Estas gambas son muy sabros**as**   b. Este cordero es muy bueno **OK**   c. Este pollo es muy salado~~s~~   d. Esta manzana es

muy deliciosa **OK**   e. Los mariscos son muy san**os**   f. Estas salchichas son muy grasientas **OK**

5. Complete

a. El pescado es asquero**so**   b. Las manzanas son san**as**   c. La carne roja es malsan**a**   d. Los pasteles son demasiado dulc**es**

e. Los mariscos son muy san**os**   f. Estas fresas son deliciosa**s**   g. Estos plátanos son muy delicios**os**   h. Estas gambas son

asquero**sas**

6. Translate into Spanish

a. El pescado es asqueroso   b. Estas gambas son deliciosas   c. El café es demasiado dulce   d. Estas salchichas son muy

grasientas   e. Estas verduras son muy sabrosas   f. Las naranjas son muy sanas   g. Esta paella es muy buena

Question Skills 2: Jobs/School bag/Food (Page 99)

1. Translate into English

a. Where do you eat at midday?   b. What job does your mum do?   c. What's in your school bag?

d. What is your favourite food?   e. What is your favourite drink?   f. How often do you eat meat?

g. Do you like fruit juice?   h. Why don't you eat vegetables?   i. Do you eat sweets often?   j. What's your favourite job?

k. What's your sister like?   l. Who do you have breakfast with generally?

2. Match the answers below to the questions in activity 1

1. El zumo de manzana – **e**   2. Es inteligente y muy graciosa – **k**   3. Me gustaría ser jardinero – **j**

4. Sí. Me encanta. Es delicioso – **g**   5. Porque no me gustan. – **h**   6. La paella – **d**   7. Sí. Todos los días – **i**

8. La como dos veces por semana – **f**   9. Hay dos cuadernos y una agenda – **c**   10. Mi madre es policía. – **b**

11. En la cantina del colegio – **a**   12. Solo – **l**

3. Provide the questions to the following answers

a. ¿Comes carne?   b. ¿Con qué frecuencia comes verduras?   c. ¿De qué trabajas?   d. ¿Te gusta la fruta?

e. ¿Dónde juegas al fútbol?   f. ¿Con qué frecuencia comes marisco?   g. ¿Cuánta fruta comes?   h. ¿De dónde eres?

i. ¿Tienes mascotas? j. ¿Cuál es tu bebida preferida?   k. ¿De qué trabaja tu padre?   l. ¿Qué hay en tu estuche?

4. Complete

a. ¿**Qué hay en tu** mochila?   b. ¿**Qué trabajo** haces?   c. ¿**Con qué frecuencia** comes marisco?

d. ¿**Cuál es tu** carne preferida?   e.¿**Cuál es tu** bebida p**referida**?   f. ¿**Por qué no te gusta** la carne?   g. ¿**De dónde** eres?

h. ¿**Con quién** desayunas normalmente?

Unit 13 - Talking about clothes
Grammar Time 11: -AR Verbs / Llevar (Part 2)
Revision Quickie 3: Jobs, food, clothes, numbers 20-100

Unit 13. Talking about clothes: VOCABULARY BUILDING (Page 102)
1. Match up

unos pendientes – earrings una camiseta – a t-shirt un vestido – a dress unos zapatos – shoes
un pantalón – trousers un traje – a suit una gorra – a baseball cap

2. Translate into English

a. I wear a black t-shirt b. I wear a grey suit c. I don't wear trainers d. I wear a blue baseball cap e. I don't wear a watch
f. I never wear earrings g. I wear a tracksuit h. I never wear suits i. I always wear sandals j. I never wear hats
k. My brother always wears jeans

3. Complete with the missing word

a. En casa **llevo** una **camiseta** b. En el colegio llevo un **uniforme negro** c. En el gimnasio **llevo** un chándal **rosa**
d. En la **playa** llevo un **bañador** e. **En la** discoteca llevo un **vestido** negro f. Raramente **llevo** zapatillas **de deporte**
g. Nunca **llevo** trajes

4. Anagrams [clothes and accessories]

a. una **gorra** b. un **reloj** c. un **traje** d. unos **pendientes** e. unos **zapatos** f. una **camiseta** g. unos **vaqueros**
h. un **chaleco** i. unas **pantuflas** j. un **vestido** k. un **sombrero** l. un **collar**

5. Associations – match each body part below with the words in the box, as shown in the examples

a. la cabeza – **gorra, sombrero** b. los pies – **zapatos, calcetines, botas** c. las piernas – **pantalones, falda**
d. el cuello – **collar, bufanda, corbata** e. el torso – **chaqueta, camiseta, chaleco, camisa**
f. las orejas – **pendientes** g. la muñeca – **reloj**

6. Complete

a. Llevo bo**tas** b. En **casa** c.Tengo un r**eloj** d. Llevo una **corbata** roja e. Llevo un t**raje** azul
f. Mi hermano lleva una ch**aleco** g. Ella siempre lleva vestidos **negro**s

Unit 13. Talking about clothes: READING (Page 103)
1. Find the Spanish for the following in Conchita's text

a. soy de b. deportista c. mucha ropa d. la ropa de buena calidad e. un chándal f. cuando salgo g. con mi novio
h. pendientes i. un vestido rojo o negro j. zapatos de tacón

2. Find the Spanish for the following in Miguel's text

a. cuando voy b. llevo una camisa c. una camiseta y vaqueros d. en casa e. camiseta sin mangas f. con mis amigos
g. una chaqueta h. unos pantalones negros i. zapatillas de deporte j. por lo general

3. Complete the following statements about Renaud

a. He is **13** years old b. He loves buying **clothes** c. He has many branded **shoes** d. When it's cold he wears a **pair** of
black or **purple trousers** e. Sometimes he wears a **sports jacket**

4. Answer the questions about Gerda (in Spanish)

a. Se llama Gerda b. Es de Alemania c. Tiene doce años d. Le gusta la ropa bonita pero no demasiada cara e. Zara
f. Lleva una chaqueta deportiva y un chándal g. Una camiseta y pantalones cortos

5. Find someone who

a. Renaud b. Gerda c. Miguel d. Conchita e. Conchita f. Miguel g. Conchita h. Miguel

Unit 13. Talking about clothes: WRITING (Page 104)

1. Split sentences

En casa llevo un chándal.   **Cuando hace** frío llevo una bufanda.   **En el gimnasio llevo una** camiseta y pantalones cortos. **Cuando hace calor llevo** una camiseta sin mangas.   **Nunca llevo vaqueros** Levi's.   **Cuando voy a la discoteca** llevo zapatos de tacón.   **Llevo pantalones** negros.   **Llevo una camisa** negra.

2. Complete with the correct option

a. **Cuando** salgo con mi **novio** llevo ropa bonita pero cómoda   b. En el colegio **llevo** un uniforme azul

c. En el gimnasio llevo **zapatillas** de deporte   d. En la playa llevo un **bañador**

e. Cuando **hace** calor llevo una **camiseta** sin mangas

f. En casa llevo **un** chándal   g. Cuando hace mucho frío llevo un **abrigo**   h. **Nunca** llevo botas

3. Spot and correct the grammar and spelling mistakes [note: in several cases a word is missing]

a. Cuando salgo **con** mis padres llevo un vestido elegante   b. En casa llevo un**a** chándal   c. Tengo mucho**s** zapatos

d. Mi hermano siempre lleva vaqueros   e. En el colegio **llevo** un uniforme   f. Me da igual la**s** ropa**s** de marca

g. Cuando voy al centro co~~mm~~ercial, por lo general llevo un**a** chaqueta deportiva   h. Siempre llevo zapatillas **de** deporte

4. Complete the words

a. **F**alda   b. **T**raje   c. **P**endientes   d. **P**antalones   e. **Z**apatos   f. **B**ufanda   g. **C**hándal

5. Guided writing – write 3 short paragraphs in the first person [I] using the details below

Amparo: Me llamo Amparo y vivo en Madrid. Siempre llevo vestidos negros y nunca llevo pantalones. Odio llevar pendientes.

Jorge: Me llamo Jorge y vivo en Pamplona. Siempre llevo camisetas blancas y nunca llevo abrigos. Odio llevar reloj.

Julio: Me llamo Julio. Vivo en Valencia. Siempre llevo vaqueros y nunca llevo pantalones cortos. Odio llevar bufandas.

6. Describe this person in Spanish using the 3rd person [he]

Se llama Juan y vive en Londres. Tiene veinte años. Tiene una araña negra. Tiene el pelo rubio y los ojos verdes. Siempre lleva traje y nunca lleva vaqueros. En el gimnasio lleva un chándal Adidas.

Grammar Time 11: AR Verbs (Part 3) LLEVAR + TENER + AGREEMENTS (Page 105)
DRILLS

1. Complete with the missing verb endings

a. Nunca llev**o** faldas   b. ¿Qué ropa llev**as** tú?   c. Mi hermano tien**e** muchas camisetas   d. Mis padres llev**an** ropa de marca

e. Mi profe de arte llev**a** ropa muy fea   f. Mi amigo Paco tien**e** mucha ropa guay   g. En el instituto llev**a** uniformes

h. Teng**o** muchos vaqueros   i. ¿Qué ropa llev**áis**?   j. Mi madre y yo ten**emos** mucha ropa

k. Nunca llev**a** vestidos elegantes   l. Cuando hace frío, llev**o** una bufanda

2. Complete with the missing verbs

a. Mi madre **tiene** mucha ropa de marca   b. Mis hermanos también **llevan** camisetas

c. Mi hermana por lo general **lleva** vaqueros   d. Mis proferores siempre **llevan** trajes   e. Mi novia **tiene** muchos pendientes

f. Nosotros **tenemos** una camiseta negra   g. Mis padres **llevan** mucha ropa deportiva   h. Mis primos no **tienen** mucha ropa

3. Complete with the correct form of 'llevar'

a. Llev**o** una camiseta   b. Mi madre lleva un vestido elegante   c. Mis padres no llev**an** ropa de marca.

d. Mis hermanos llev**an** vaqueros y camisetas   e. Mi hermano y yo llev**amos** ropa deportiva

f. Mi hermana nunca lleva faldas   g. ¿Qué ropa llev**as** tú?   h. Nunca llev**amos** gorras   i. En el gimnasio llev**o** un chándal

4. Complete with the correct form of 'tener'

a. No ten**go** muchas camisetas   b. Nosotros no ten**emos** ropa de marca   c. Mi hermano tien**e** muchas camisetas negras

d. Mi amigo Paco no ti**ene** mucha ropa   e. Mis hermanos tie**nen** muchas corbatas

f. Mi madre tie**ne** muchos vestidos elegantes.

5. Translate into English

a. I never wear t-shirts   b. He/she always wears jeans   c. We don't have elegant dresses   d. He/she has many shoes   e. They have many branded shoes   f. They always wear trainers   g. What clothes do you wear to school?   h. At the gym he/she wears tracksuits   i. Do you have Adidas baseball caps?

6. Translate into Spanish

a. ¿Tienes gorras?   b. Tenemos muchos zapatos   c. No tengo un vestido elegante   d. Mi padre tiene muchos trajes y corbatas   e. Mi madre nunca lleva vaqueros   f. Nunca llevo zapatillas de deporte   g. ¿Qué ropa llevas por lo general?   h. Nunca llevan uniformes   i. En el gimnasio llevo un chándal   j. ¿Llevas ropa deportiva a menudo?

Revision Quickie 3: Jobs, food, clothes and numbers 20-100 (Page 107)

1. Complete (numbers)

a. 100 – ci**en**   b. 90 – no**venta**   c. 30 – tr**einta**   d. 50 – ci**ncuenta**   e. 80 – oc**henta**   f. 60 – se**senta**   g. 40 – cu**arenta**

2. Translate into English (food and clothes)

a. suit   b. drink   c. chicken   d. skirt   e. pork   f. water   g. meat   h. seafood   i. fish   j. scarf   k. shoes   l. vegetables   m. juice   n. dinner

3. Write in a word each letter in the categories below as shown in the example

S: sombrero, salchichas, sesenta, soldado

T: traje, tortilla/tomate, tres/treinta

V: vestido, verdura/vino, veinte/veintiuno, veterinario/a

M: mermelada, mil, médico/a

A: abrigo, alcachofa, abogado

4. Match

llevo – I wear   **tengo** – I have   **soy** – I am   **meriendo** – for snack I have   **como** – I eat   **bebo** – I drink   **desayuno** – for breakfast I have   **trabajo** – I work   **ceno** – for dinner I have   **vivo** – I live   **hay** – there is   **me llamo** – my name is

5. Translate into English

a. I never wear skirts   b. I always have toasts with honey for snack   c. I work as a shop assistant   d. I drink coffee often   e. I don't have fizzy drinks   f. I always have eggs for breakfast   g. My mother is a business woman   h. I don't have many branded clothes   i. I don't have much for dinner. Only a salad.

Unit 14 - Saying what I and others do in our free time
Grammar Time 12: Hacer, Jugar, Ir

Unit 14. Free time: VOCABULARY BUILDING – Part 1 [Weather] (Page 110)

1. Match up

Juego al ajedrez – I play chess   **Hago footing** – I go jogging   **Hago equitación** – I go horse-riding

Juego a las cartas – I play cards   **Voy en bici** – I go biking   **Hago natación** – I go swimming

Hago senderismo – I go hiking   **Juego al baloncesto** – I play basketball

2. Complete with the missing word

a. Juego al **ajedrez** b. **Hago** equitación c. **Juego** a las cartas d. Voy en **bici** e. Juego al **baloncesto** f. Voy de **pesca**

g. Hago **senderismo** h. Hago **escalada** i. Hago **footing** j. No hago los **deberes**

3. Translate into English

a. I go biking every day b. I often go hiking c. I go rock-climbing twice a week d. I hardly ever go horse-riding

e. When the weather is bad I play cards or chess f. I often play basketball g. I rarely go clubbing

h. I go to my friend's house often i. I go to the beach everyday j. I go fishing once a week

k. I play golf when there is nice weather

4. Broken words

a. Hago eq**uitación** b. Hago na**tación** c. Voy de pe**sca** d. Voy en bi**cicleta** e. Juego al aj**edrez** f. Voy de ma**rcha**

g. Juego a las ca**rtas** h. Hago esc**alada**

5. 'Voy', 'Juego' or 'Hago'?

a. **Juego** al baloncesto b. **Voy** en bici c. **Juego** al ajedrez d. **Juego** a las cartas e. **Hago** natación f. **Voy** de marcha

g. **Juego** al tenis h. **Hago** pesas i. **Hago** escalada

6. Bad translation – spot any translation errors and fix them

a. I ~~often~~ **never** go clubbing b. I play ~~chess~~ **cards** often c. I go ~~swimming~~ **rock-climbing** rarely

d. When the weather is nice I go ~~hiking~~ **jogging** e. I go biking ~~every day~~ **once a week** f. I **hardly ever** ~~never~~ play chess

g. I ~~never~~ **often** go hiking h. I go swimming ~~from time to time~~ **often**

Unit 14. Free time: READING (Page 111)

1. Find the Spanish for the following in Thomas' text

a. hago mucho deporte b. mi deporte favorito c. escalada d. todos los días e. cuando hace mal tiempo

f. juego al ajedrez g. también h. juego a la Play

2. Find the Spanish for the following in Ronan's text

a. me encanta ir en bici b. con mis amigos c. a veces d. hago natación e. voy de marcha f. hago escalada

g. con mi amigo, Julien

3. Complete the following statements about Verónica

a. She is from **Barbastro** b. She is not very **sporty** c. She plays videogames and **chess** d. When the weather is nice she

goes **jogging** e. She also plays tennis with her **brother** f. She doesn't enjoy the gym nor the **swimming pool**

4. List 8 details about Olga (accept answers in any order)

1. She is from Cyprus 2. She likes reading books and newspapers 3. She likes playing cards 4. She is not very sporty

5. She goes to the gym sometimes 6. She does weight-lifting 7. She goes hiking when the weather is nice 8. Her dog is

called Buddy (it is a sausage dog)

5. Find someone who…

a. Olga b. Verónica c. Thomas d. Olga e. Ronan

Unit 14. Free time: TRANSLATION (Page 112)

1. Gapped translation

a. **Nunca voy de marcha** – I **never** go clubbing   b. **Juego a la Play a menudo** – I often play **Playstation**

c. **No juego al tenis casi nunca** – I **hardly ever** play tennis   d. Juego al **ajedrez** – **I play chess**

e. Juego a las **cartas** – **I play cards**   f. **A veces voy en bici** – **Sometimes** I go cycling

g. **Nunca hago pesas** – I never do **weight-lifting**

h. Cuando hace **buen** tiempo hago footing – **When the weather is nice, I go jogging**

2. Translate to English

a. hardly ever   b. sometimes   c. when there is bad weather   d. to my friend's house   e. never   f. every day

g. I go rock-climbing   h. I go clubbing   i. I go fishing

3. Translate into English

a. I never go fishing with my dad   b. I play cards with my brother   c. I go hiking with my dad   d. I play chess with

my best friend   e. I hardly ever play the PlayStation with my brother   f. I go clubbing every Saturday

4. Translate into Spanish

a. bici   b. escalada   c. baloncesto   d. pesca   e. pesas   f. videojuegos   g. ajedrez   h. cartas   i. senderismo   j. footing

5. Translate into Spanish

a. hago footing   b. juego al ajedrez   c. hago escalada   d. hago natación   e. hago equitación   f. hago pesas

g. voy de marcha   h. juego a los videojuegos   i. hago ciclismo   j. hago senderismo

Unit 14. Free time: WRITING (Page 113)

1. Split sentences

Nunca **hago escalada**   Juego al ajedrez a **menudo**   Voy a casa **de mi amigo Paco**   Hago footing en **el parque**

Juego a las **cartas**   Hago mucho **deporte**   Voy en **bici**   Hago pesas en el **gimnasio**

2. Complete the sentences

a. Nunca **hago** footing   b. A veces **juego** al ajedrez   c. **Hago** escalada de vez en cuando   d. **Hago** equitación a menudo

e. Juego al tenis **todos los** días   f. Voy a **casa** de mi amigo   g. En mi **tiempo** libre   h. Hago **pesas** en el gimnasio

i. Hago **los** deberes

3. Spot and correct mistakes [note: in some cases a word is missing]

a. Juego **al** tenis   b. Juego **al** ajedrez   c. Voy a casa **de** mi amigo   d. Casi nunca voy **en** bici   e. **Hago** mis deberes

f. **Hago** natación   g. Hago pesas

4. Complete the words

a. Aje**drez**   b. Balon**cesto**   c. Sende**rismo**   d. Video**juegos**   e. Equi**tación**   f. Nun**ca**   g. A men**udo**

5. Write a paragraph for each of the people below in the first person singular (I):

Juanita: Me llamo Juanita. Hago senderismo cada día con mi novio en el campo y me gusta porque es divertido.

Dylan: Me llamo Dylan y hago pesas a menudo con mi amigo James en casa y me gusta porque es sano.

Alejo: Me llamo Alejo y hago footing cuando hace buen tiempo solo en el parque. Me gusta porque es relajante.

Grammar Time 12: Jugar, Hacer and Ir (Part 1) (Page 115-116)

1. Match

hago – I do   **haces** – you do   **hace** – he/she does   **hacemos** – we do   **hacéis** – you guys do   **hacen** – they do

2. Complete with the correct ending

a. Nunca hag**o** mis deberes   b. Mi padre jueg**a** al fútbol a menudo   c. ¿Qué deporte hace**s** tú?   d. Nunca jug**amos** al tenis
e. ¿Qué hac**éis** hoy?   f. Mis hermanos siempre jueg**an** a la Play   g. Nunca jue**go** con los videojuegos   h. Mi hermano
mayor hac**e** artes marciales   i. Mis hermanos no jueg**an** al ajedrez   j. Mi madre y yo jug**amos** a las cartas

3. Write the correct form of JUGAR (to play)

a. I play – **juego**   b. you play – **juegas**   c. she plays – **juega**   d. we play – **jugamos**   e. you guys play – **jugáis**
f. they play – **juegan**   g. my brothers play – **juegan**   h. you and I play – **jugamos**   i. he and I play – **jugamos**

4. Complete with the first person of HACER, IR and JUGAR: hago, voy, juego

a. Nunca **juego** al baloncesto   b. **Hago** deporte todos los días   c. **Juego** al voleibol   d. **Juego** a las cartas raramente.
e. Nunca **hago** ciclismo   f. **Juego** a la Play todos los días   g. **Voy** de pesca muy raramente   h. **Hago** escalada a menudo
i. **Voy** al estadio con mi padre

5. Spot and correct the translation errors

a. **Voy de pesca** – I go fishing   b. **Vas a la iglesia** – you go to the ~~church~~   c. **Vamos al centro comercial** – **we** go to the
shopping mall   d. Nunca **vamos** a casa de Marta – **I** never go to Marta's house
e. **Van al cine una vez por semana** – **they** go~~es~~ to the cinema once a week

6. Complete the forms of IR below

a. **Voy** de pesca   b. **Van** al parque   c. **Vamos** a la playa   d. **Van** a la piscina   e. ¿Adónde **vas**?

7. Complete with hace, juega **or** va **as appropriate**

a. Mi madre nunca **hace** deporte   b. Mi padre **va** a la iglesia raramente   c. Mi hermano **va** a la mezquita todos los viernes
d. Mi abuelo nunca **juega** a las cartas conmigo   e. Mi hermano mayor **hace** artes marciales   f. Mi amigo Paco siempre
juega a la Play   g. Mi hermano menor **hace** ciclismo a menudo   h. Mi abuela **va** a la playa todos los días

8. Complete with hacen, juegan **or** van **as appropriate**

a. Mis padres nunca **juegan** al baloncesto   b. Mis hermanos no **hacen** deporte   c. Mis hermanos nunca **juegan** al fútbol
d. Mi madre y mi padre **juegan** a las cartas   e. Mis primos **hacen** artes marciales   f. Ellas **van** de pesca a menudo
g. Mis tíos **van** a la iglesia muy raramente   h. Mis amigos nunca **hacen** escalada conmigo.   i. ¿Tus amigos **hacen** ciclismo?
j. Mis amigos, Mok y Laura, **juegan** al ajedrez   k. Ellos **van** a la piscina

9. Translate into English

a. I never play football   b. He/she does his/her homework often   c. We never go to church   d. They don't go often to
the swimming pool   e. When the weather is nice, they go to the park   f. I never play chess   g. When the weather is bad I go
to the gym

10. Translate into Spanish

a. Nunca vamos a la piscina   b. Raramente hacen deporte   c. Ella juega al baloncesto todos los días   d. Cuando hace buen
tiempo, hago footing   e. Raramente hago ciclismo   f. A menudo hago escalada   g. Mi padre y yo jugamos al badminton a
menudo   h. Mi hermana juega al tenis dos veces a la semana   i. Voy a la piscina los sábados   j. Cuando hace mal tiempo,
voy al gimnasio   k. Raramente hacen los/sus deberes   l. Nunca jugamos al ajedrez

Unit 15 - Talking about weather and free time
Grammar Time 13: Ir / Hacer / Jugar
Revision Quickie 4: Clothes / Free time / Weather

Unit 15. Talking about weather and free time VOCABULARY BUILDING 1 (Page 119)

1. Match up

cuando – when **hace frío** – it's cold **hace calor** – it's hot **hace buen tiempo** – it's good weather

hace mal tiempo – it's bad weather **está despejado** – it's clear skies **llueve** – it's raining

2. Translate into English

a. When it's cold b. When it rains c. It's clear skies d. When it's hot e. When it snows f. When the weather is nice

g. When it's foggy h. I play tennis i. I do skiing j. When the weather is bad

3. Complete with the missing word

a. Cuando hace **mal** tiempo b. Cuando **llueve** y hace **frío** c. Cuando **hace** sol y hace **calor** d. Cuando hay tormentas me **quedo** en casa e. Cuando hace **buen** tiempo voy al parque f. Cuando **nieva** hago esquí en la montaña g. Cuando hace mal **tiempo** mi amigo se queda en su casa h. Me gusta cuando hace **sol**

4. Anagrams [weather]

a. frío b. calor c. nieva d. llueve e. despejado f. mal tiempo g. hace sol h. viento i. hay niebla j. nublado

k. tormentas l. buen tiempo

5. Associations – match each weather word below with the clothes/activities in the box

a. Mal tiempo: tormentas, viento, lluvia, me quedo en casa, no hago nada, pijama, veo la tele, bufanda

b. Buen tiempo: sol y calor, pantalón corto, la playa, sombrero, bañador

c. Nieva y hace frío: la montaña, botas de nieve, hago esquí, bufanda

6. Complete

a. Hace buen **tiempo** b. Me quedo en **casa** c. Cuando l**lueve** d. Me **gusta** cuando hace calor e. **Voy** a la playa

f. Cuando **hay** tormentas g. Cuando **está** despejado h. Cuando está **nublado**

Unit 15. Talking about weather and free time VOCABULARY BUILDING 2 (Page 120)

1. Match up

Juego al tenis – I play tennis **Juego a las cartas** – I play cards **Hago equitación** – I do horseriding

Voy de marcha – I go clubbing **Ella va de pesca** – She goes fishing **En su dormitorio** – In his bedroom **Me quedo en**

casa – I stay at home **la natación** – swimming

2. Complete with the missing word

a. Me quedo en **mi** habitación b. Mi amigo **va** a la playa c. Voy a **casa** de mi **amigo** d. Voy al **polideportivo**

e. **Entre** semana siempre hago mis deberes f. Me gustan los fines de **semana** g. Juego con mis **amigos**

h. Mi amiga Vero siempre **va** a casa de **su** amigo i. Siempre hago **senderismo**

3. Translate into English

a. My friend's house b. I do horse-riding c. It's clear skies d. I go rock-climbing e. He/she goes jogging

f. He/She goes to the sports centre g. I go to the swimming pool h. I do sports

4. Anagrams [activities]

a. footing b. natación c. senderismo d. equitación e. baloncesto f. fútbol g. cartas h. ajedrez i. centro comercial

j. de marcha k. de pesca l. deporte

5. Broken words

a. **J**uego al **f**útbol **c**on mis a**m**igos b. Mi tía M**aría j**uega a **la**s **c**artas c. **V**oy a **c**asa de mi a**m**igo d. **J**oaquín va a**l**

po**l**ideportivo e. **H**ago e**q**uitación **c**on mi **c**aballo f. **M**i a**m**igo se **q**ueda en **c**asa y ha**c**e los **d**eberes

6. Complete

a. Hago los **deberes**   b. Se **queda** en casa   c. Hace **natación**   d. Voy **al** gimnasio   e. **Voy** a la piscina

f. Me quedo en **casa**   g. Hago **escalada**   h. Hago **esquí** en la **montaña**   i. En mi **dormitorio**

Unit 15. Talking about weather and free time: READING (Page 121)

1. Find the Spanish for the following in Pietro's text

a. soy de   b. tengo once años   c. me gusta   d. cuando   e. hace sol   f. voy al parque   g. con mi perro   h. pequeño y negro

i. un bañador   j. la playa

2. Find the Spanish for the following in Chloe's text

a. cuando hace calor   b. está despejado   c. hago natación   d.voy de pesca   e. un poco aburrido   f. voy de marcha

g. una camiseta   h. se llama   i. se queda   j. en su casa

3. Complete the following statements about Isabela's text

a. She is **15** years old   b. She loves buying **t-shirts** and **jackets**   c. She loves it when there are **storms**   d. When it's stormy

she plays **videogames** or **cards** with her **older** brother   e. Isabela does not like **cold** weather   f. Her pet can **speak** Italian

4. Answer in Spanish the questions below about Ana Laura

a. (es de) Brasil   b. (tiene) doce años   c. (le encanta) cantar   d. (le encanta) el frío   e. (va) al centro comercial

f. se queda en casa   g. no, no le gusta el calor   h. (su película favorita es) Frozen 2

5. Find someone who

a. Chloé   b. Chloé   c. Ana Laura   d. Isabela   e. Isabela   f. Chloé   g. Pietro   h. Ana Laura   i. Chloé's dad

Unit 15. Talking about weather and free time: WRITING (Page 122)

1. Split sentences

Me gusta cuando **hace frío**   No me **gusta la lluvia**   Cuando hace **sol voy a la playa**   Cuando hace mucho frío llevo **un abrigo y una bufanda**   Las tormentas son **muy bonitas**   Cuando hace mal tiempo **me quedo en casa**

Cuando hace buen **tiempo voy al parque**   Cuando nieva **hago esquí**

2. Complete with the correct option

a. **Cuando** hace frío llevo una bufanda. ¡No me **gusta**!   b. **Entre** semana hago los deberes   c. Cuando **hace** mal tiempo me **quedo** en casa   d. Cuando **hay** niebla no voy a la **montaña**   e. Cuando hace **calor** voy a la playa   f. Cuando **está** despejado hago senderismo en el campo   g. Cuando hace mal tiempo mi amigo Pepe se queda en **su** casa

3. Spot and correct the grammar and spelling mistakes [note: in several cases a word is missing]

a. Cuando hace viento, voy **al** gimnasio con mi amigo   b. Cuando está nublado, mi amiga Juana juega al tenis

c. Me encantan las tormentas, son muy bonitas   d. Cuando hace mal** tiempo mi amigo se queda en casa   e. Cuando **hay** niebla no juego al baloncesto   f. Los fines de semana voy **a la** playa con mi perro   g. Cuando hace sol voy al campo **y** llevo una camiseta blanca   h. Siempre llevo zapatillas de deporte cuando juego al fútbol

4. Complete the words

a. F**río** – cold   b. C**alor** – hot   c. N**ublado** – cloudy   d. **Cuando** – when   e. **Tormentas** – storms   f. **Viento** – wind

g. N**iebla** – fog

5. Guided writing – write 3 short paragraphs in the first person [I] using the details below

Elías: Me llamo Elías. Vivo en Sevilla. Cuando hace buen tiempo, voy al parque con mis amigos.

Santino: Me llamo Santino. Vivo en Córdoba y cuando hace calor y sol, voy a la playa con mi perro.

Julieta: Me llamo Julieta y vivo en Huelva. Cuando hace frío y llueve, me quedo en casa con mi hermana mayor.

6. Describe this person in Spanish using the 3rd person [she]

Se llama Paula. Vive en Mérida y tiene trece años. Tiene un perro blanco. Cuando hace sol y buen tiempo, siempre va al campo y hace senderismo, y nunca se queda en casa y hace sus deberes.

Grammar Time 13: Jugar, Hacer, Ir + Ser and Tener (Page 124)

1. Complete with the one of the following verbs: *Tengo – Voy – Soy – Juego – Hago*

a. **Hago** deporte   b. **Voy** al parque   c. **Tengo** un gato   d. **Juego** al fútbol   e. **Juego** a las cartas   f. **Tengo** un perro

g. **Tengo** quince años   h. **Tengo** dos mascotas   i. **Voy** al cine   j. **Hago** escalada   k. **Hago** ciclismo   l. **Juego** al ajedrez

m. **Juego** al baloncesto   n. **Tengo** los ojos negros   o. **Tengo** el pelo rubio

2. Rewrite the sentences in the first column in the third person singular

juego al tenis – **juega al tenis**   voy al cine – **va al cine**   soy alta – **es alta**   hago natación – **hace natación**

3. Translate into English

a. We go swimming   b. We play chess   c. They don't do anything   d. They go to the cinema   e. We have two dogs

f. We are French   g. He/she doesn't have siblings   h. I am not from Madrid   i. I don't do anything

4. Complete

a. Yo nunca v**oy** a la piscina   b. Mi madre nunca v**a** a la iglesia   c. V**amos** a la iglesia a menudo

d. Mi hermano t**iene** un gato   e. Ellos **son** ingleses, yo s**oy** italiano   f. Mis padres t**ienen** el pelo pelirrojo

g. Mi hermano y yo **hacemos** artes marciales

5. Complete with the appropriate verb

a. Nunca **voy** al cine con mis padres   b. Mi hermana y yo **vamos** al parquet   c. Mi madre **tiene** cuarenta años

d. Mi primo **es** muy alto y guapo   e. Mis hermanos **juegan** a la Play a menudo   f. Nunca **hace** deporte   g. Cuando hace buen tiempo **va** a la playa

6. Translate into Spanish

a. Nunca juego al tenis con él   b. Mi madre nunca va a la iglesia   c. Mi hermano es alto y delgado. Tiene el pelo rubio y los ojos azules   d. Mi padre tiene cuarenta años   e. Mi hermano va al gimnasio todos los días   f. Nunca van a la piscina.

Revision Quickie 4: Clothes/Free time/Weather (Page 125)

1. Activities -Match

Hago los deberes – I do the homework   **Hago deporte** – I do sport   **Juego al baloncesto** – I play basketball

Juego a las cartas – I play cards   **Voy a la iglesia** – I go to church   **Voy a la piscina** – I go to the swimming pool

Voy al gimnasio – I go to the gym   **Miro escaparates** – I go window shopping   **Hago natación** – I go swimming

Hago equitación – I go/do horse-riding   **Voy a la playa** – I go to the beach   **Hago escalada** – I go/do rock climbing

2. Weather – Complete

a. hace fr**ío**   b. hace c**al**or   c. hace s**ol**   d. hay ni**ebla**   e. hace bu**en tiempo**   f. hace mal **tiempo**   g. hay to**rmentas**

h. hace vi**ento**   i. ll**ueve**

3. Fill in the gaps in Spanish

a. Cuando hace fr**ío**, llevo un a**brigo**   b. Cuando hace m**al tiempo**, me q**uedo** en casa   c. Cuando h**ace** s**ol** voy a la p**laya**

d. Cuando v**oy** al gimnasio, ll**evo** un c**hándal**   e. Cuando hace c**alor**, voy a **la** p**iscina**   f. En el fin de semana h**ago** m**is** deberes   g. Cuando t**engo** ti**empo libre**   h. H**ago** e**scalada**

4. Translate into Spanish

a. cuando hace calor   b. cuando hace frío   c. juego al baloncesto   d. hago mis deberes   e. hago escalada   f. cuando tengo tiempo (libre)   g. voy a la piscina   h. voy al gimnasio

5. Translate to Spanish

a. Llevo un abrigo   b. Llevamos uniforme   c. Juegan al baloncesto   d. (ella) Hace escalada   e. (él) Tiene tiempo libre

f. Hacen natación   g. Mis padres hacen deporte   h. (ella) Juega al fútbol a menudo

Question Skills 3: Clothes/Free time/Weather (Page 126)

1. Translate into English
a. What do you wear when it's cold?   b. What's the weather like where you live?   c. What do you do in your free time?
d. Do you do sport?   e. How often do you play basketball?   f. Why don't you like football?   g. Where do you go
rock-climbing?   h. What's your favourite sport?

2. Complete with the missing question word:
a. ¿**Dónde** vives?   b. ¿**Qué** deporte haces?   c. ¿**Qué** deporte prefieres?   d. ¿**Dónde** haces natación?   e. ¿**Dónde** compras
tus zapatos?   f. ¿**Qué** te gusta hacer en tu tiempo libre?   g. ¿Con **quién** juegas al tenis?   h. ¿Con **qué** frecuencia haces
equitación?   i. ¿**Por qué** no juegas conmigo? :(

3. Split questions
¿Qué haces **en tu tiempo libre?**   ¿Con quién **juegas al ajedrez?**   ¿Por **qué no te gusta el tenis?**   ¿Dónde haces **escalada?**
¿Qué **haces cuando hace frío?**   ¿Cuál es **tu deporte preferido?**   ¿Tienes mucha **ropa nueva?** ¿Qué ropa llevas **cuando
hace calor?**

4. Translate into Spanish
a. ¿Qué?   b. ¿Dónde?   c. ¿Cómo?   d. ¿Cuándo?   e. ¿Por qué?   f. ¿Cuánto?   g. ¿Cuántas?   h. ¿De dónde?   i. ¿Cuál?

5. Write the questions to these answers
a. ¿Qué ropa llevas cuando hace frío?   b. ¿Qué haces en el fin de semana?   c. ¿A qué hora vas al gimnasio?
d. ¿Cuántos chándales tienes?   e. ¿Con quién juegas al tenis?   f. ¿Dónde haces natación?   g. ¿Con qué frecuencia haces
escalada?

6. Translate into Spanish
a. ¿Dónde juegas al tenis?   b. ¿ Qué haces cuando tienes tiempo libre?   c. ¿Cuántos zapatos tienes?   d. ¿Cuál es tu
pasatiempo preferido?   e. ¿Haces deporte a menudo?   f. ¿A qué hora haces los deberes?

Unit 16 - Talking about my daily routine

Unit 16. Talking about my daily routine: VOCAB BUILDING (Part 1) (Page 129)

1. Match up

me levanto – I get up   **voy al colegio** – I go to school   **me acuesto** – I go to bed   **almuerzo** – I have lunch

ceno – I have dinner   **desayuno** – I have breakfast   **descanso** – I rest   **vuelvo a casa** – I go back home

2. Translate into English

a. I get up at 6 a.m.   b. I go to bed at 11 p.m.   c. I have lunch at noon   d. I have breakfast at 6 a.m.

e. I go back home at 3.30 p.m.   f. I have dinner at about 8 p.m.   g. I watch TV   h. I listen to music

i. I leave the house at 7 a.m.

3. Complete with the missing words

a. **Voy** al colegio   b. **Salgo** de casa   c. **Vuelvo** a casa   d. **Veo** la tele   e. **Hago** mis deberes   f. **Escucho** música

g. **Juego** en el ordenador   h. **Almuerzo** a mediodía

4. Complete with the missing letters

a. **D**escanso   b. **V**uelvo a **c**asa   c. **E**scucho música   d. **D**esayuno   e. **C**eno   f. **V**oy al colegio   g. **M**e **l**evanto

h. **M**e **a**cuesto   i. **A**lmuerzo

5. Faulty translation – spot and correct any translation mistakes. Not all translations are wrong.

a. I ~~shower~~ **rest for** a bit   b. I go to bed at ~~noon~~ **midnight**   c. I do ~~your~~ **my** homework   d. I have lunch **OK.**   e. I ~~come back from~~ **go to** school   f. I ~~leave the house~~ **come back home**   g. I watch telly **OK**   h. I leave ~~school~~ **home**   i. I wash/brush my ~~hands~~ **teeth**

6. Translate the following times into Spanish

a. a las seis y media de la mañana   b. a las siete y media de la mañana   c. a las ocho y veinte de la tarde   d. a mediodía

e. a las nueve y veinte de la mañana   f. a las once de la noche   g. a medianoche   h. a las cinco y cuarto de la tarde

Unit 16. Talking about my daily routine: VOCABULARY BUILDING (Part 2) (Page 130)

1. Complete the table

Me acuesto – I go to bed   **Me lavo los dientes** – I brush my teeth   **Me levanto** – I get up   **Vuelvo a casa** – I go back home

A las ocho y cuarto – At 8.15   **Almuerzo** – I have lunch   **Ceno** – I have dinner

Escucho música – I listen to music   **Salgo de casa** – I leave the house   **Desayuno** – I have breakfast

Descanso – I rest   **Hago mis deberes** – I do my homework   **Me visto** – I get dressed

2. Complete the sentences using the words in the table below

a. A las siete y **media**   b. A **eso** de las cinco   c. A las ocho de la **mañana**   d. A **mediodía**   e. A las **once** y cuarto

f. A las tres **menos** veinte   g. A **medianoche**   h. A eso de **las** cuatro   i. **A** eso de las siete   j. A las ocho menos **cinco**

3. Translate into English (numerical)

a. At 8.30   b. At 9.15   c. At 9.55   d. At 12 am   e. At 12 pm   f. At 10.55   g. At 12.20   h. At about 2 o'clock

4. Complete

a. A l**as** **c**inco y m**edia**   b. A l**as** o**cho** y **c**uarto   c. A m**edio**día   d. A las o**cho** **menos** **c**uarto   e. A m**edia**noche

f. A l**as** o**nce** y m**edia**   g. A **eso** de **la una**

5. Translate the following into Spanish

a. Voy al colegio a eso de las ocho   b. Vuelvo a casa a eso de las tres   c. Ceno a las siete y media

d. Hago mis deberes a eso de las cinco y media   e. Desayuno a las siete menos cuarto   f. Me acuesto a medianoche

g. Almuerzo a mediodía

Unit 16. Talking about my daily routine: READING (Part 1) (Page 131)

1. Answer the following questions about Hiroto

a. Japan   b. At around 6   c. With his father and his younger brother   d. At around 7.30   e. Until 6   f. By bike

2. Find the Spanish for the phrases below in Hiroto's text

a. A eso de las once   b. Con mis amigos   c. Voy en bici   d. Voy al parque   e. Me ducho y me visto   f. No como mucho

g. Desde las seis hasta las siete   h. Hago mis deberes

3. Complete the statements below about Andreas

a. He gets up at **around five o'clock**   b. He comes back from school at **around 3.30**   c. For breakfast he eats **fruit**

d. He has breakfast with **his mother and his sister**   e. After getting up he **goes jogging** and then showers

f. Usually he **plays the PlayStation** until midnight   g. ...he brushes his teeth and then **he prepares his schoolbag**.

4. Find the Spanish for the following phrases/sentences in Gregorio's text

a. Soy mexicano   b. Me ducho   c. Con mis dos hermanos   d. Me relajo un poco   e. Como arroz o ensalada

f. Navego por internet   g. Ceno

Unit 16. Talking about my daily routine: READING (Part 2) (Page 132)

1. Find the Spanish for the following in Yang's text

a. Soy chino   b. Mi rutina diaria   c. Me ducho   d. Muy sencilla   e. A eso de las siete y media   f. No como mucho

g. Veo la tele   h. Voy al colegio   i. Hago mis deberes   j. Desde las seis hasta las once

2. Translate these items from Kim's text

a. soy inglesa   b. por lo general   c. a eso de las cinco y media   d. con mi madre y hermanastra   e. vuelvo a casa

f. ceno con mi familia   g. descanso un poco   h. me lavo los dientes

3. Answer the following questions on Anna's text

a. Italian   b. at 6.15   c. She surfs on the internet, watches tv or reads fashion magazines   d. by bus   e. with her older sister

f. at around 11.30   g. she eats fruit or salad   h. a novel

4. Find Someone Who...

a. Anna   b. Anna   c. Anna   d. Kim   e. Yang.   f. Kim   g. Kim

Unit 16. Talking about my daily routine: WRITING (Page 133)

1. Split sentences

Voy al colegio **en autobús**   Vuelvo a **casa**   Hago mis **deberes**   Veo **la tele**   Juego en el **ordenador**   Me levanto a **eso de**

las seis   Me acuesto **a medianoche**   Salgo **de casa**

2. Complete with the correct option

a. Me levanto a **las** siete de la mañana   b. Hago **mis** deberes   c. Veo **la** tele   d. Juego en el **ordenador**

e. Me **acuesto** a medianoche   f. Vuelvo **a** casa   g. Salgo de **casa**   h. Voy al colegio **en** autobús

3. Spot and correct the grammar and spelling mistakes [in several cases a word is missing]

a. Voy al colegio en bici   b. Me levanto a la**s** siete y media   c. Salgo **de** casa a las ocho   d. Vuelvo ~~al~~ **a la** casa

e. Voy **al** colegio en autobús   f. Me acuesto a eso **de** las once   g. Ceno a las ocho meno**s** cuarto

h. Hago mi**s** deberes a las cinco y media

4. Complete the words

a. cu**arto** – **quarter**   b. me**dia** – **half**   c. a las d**iez** – **at 10**   d. a eso de – **at around**   e. a las o**cho** – **at 8**

f. ve**inte** – **twenty**   g. l**uego** – **then**   h. al**muerzo** – **I have lunch**   i. v**uelvo** – **I come back**   j. j**uego** – **I play**

5. Guided writing – write 3 short paragraphs in the first person [I] using the details below

Elías: Me llamo Elías. Me levanto a las seis y media. Me ducho a las siete. Voy al colegio a las ocho y cinco y vuelvo a casa a las tres y media. Veo la tele a las seis, ceno a las ocho y diez y me acuesto a las once y diez.

Santino: Me llamo Santino. Me levanto a las siete menos veinte. Me ducho a las siete y diez. Voy al colegio a las ocho

THE LANGUAGE GYM

47

menos veinte y vuelvo a casa a las cuatro. Veo la tele a las seis y media, ceno a las ocho y cuarto y me acuesto a medianoche.

Julieta: Me llamo Julieta. Me levanto a las siete y cuarto. Me ducho a las siete y media. Voy al colegio a las ocho y vuelvo a casa a las tres y cuarto. Veo la tele a las siete menos veinte, ceno a las ocho y veinte y me acuesto a las once y media.

Revision Quickie 5: Clothes/Food/Free Time/Describing people (Page 134-135)

1. Clothes – Match up

una bufanda – a scarf   **un traje** – a suit   **una gorra** – a baseball cap   **una corbata** – a tie   **una falda** – a skirt

un vestido – a dress   **una camiseta** – a t-shirt   **una camisa** – a shirt   **unos vaqueros** – jeans

unos calcetines – socks   **unos pantalones** – trousers

2. Food – Provide a word for each of the cues below

A fruit starting with **M** – **manzana**   A vegetable starting with **Z** – **zanahoria**   A dairy product starting with **Q** – **queso**

A meat starting with **C** – **cordero/carne**   A drink starting with **Z** – **zumo**   A drink made using lemons **L** – **limonada**

A sweet dessert starting with **P** – **pastel**   A fruit starting with **C** – **cereza/coco**

3. Complete the translations below

a. shoes – zap**atos**   b. hat – som**brero**   c. hair – p**elo**   d. curly – riz**ado**   e. purple – mor**ado**   f. milk – le**che**

g. water – ag**ua**   h. drink – be**bida**   i. job – tr**abajo**   k. clothes – ro**pa**

4. Clothes, Colours, Food, Jobs – Categories

Ropa: camisa, traje, sombrero, corbata   **Colores:** naranja, azul, rosado, rojo

Trabajos: cocinero, azafata, abogado, fontanero   **Comida:** carne, queso, arroz, pollo

5. Match questions and answers

¿Cuál es tu trabajo preferido? – **el de abogado**   ¿Qué color te gusta más? – **el azul**   ¿Qué carne no te gusta? – **el cerdo**

¿Qué llevas por lo general en el gimnasio? – **un chándal**   ¿Cuál es tu profe preferido? – **el de dibujo**   ¿Cuál es tu bebida preferida? – **el zumo de fruta**   ¿Cuál es tu pasatiempo preferido? – **el ajedrez**

6. (Free time) Complete with *hago*, *voy* or *juego* as appropriate

a. No **hago** deporte   b. Nunca **juego** al baloncesto   c. **Voy** al gimnasio a menudo   d. **Hago** pesas todos los días

e. Siempre **juego** a la Play   f. No **voy** a la piscina hoy

7. Complete with the missing verb, choosing from the list below

a. **Bebo** mucho zumo de fruta   b. Me **encantan** las fresas   c. Después de hacer mis deberes **voy** al gimnasio o **juego** con los videojuegos   d. **Hago** mucho deporte   e. Por la mañana no **desayuno** mucho. Solo dos tostadas   f. Mi padre **trabaja** como ingeniero. Yo no **trabajo** todavía. **Soy** estudiante   g. No me **gusta** ver dibujos animados. **Prefiero** ver series en Netflix   h. Por la mañana, me **levanto** a eso de las seis

8. Time markers – Translate

a. **nunca** – never   b. **de vez en cuando** – sometimes/from time to time   c. **siempre** – always   d. **todos los días** – every day

e. **raramente** – rarely   f. **una vez por semana** – once a week   g. **dos veces al mes** – twice a month

9. Split sentences (Relationships)

Me llevo bien con **mi madre**   No me llevo **bien con mi madre**   Mis padres **son generosos**   Me encantan **mis abuelos**

Mi hermano es **pesado**   Mi profesor **de arte es estricto**   Mi novia es muy **amable**   Odio a mi tío **porque es malo**

No soporto **a mi hermana**   Mi novio me **gusta muchísimo**

10. Complete the translation

a. Mi hermano es **bombero**   b. No **trabajo**. Soy **estudiante**   c. De vez en cuando **voy** al cine con mi padre

d. Nunca **veo** la tele   e. No **odio/detesto** a mis profesores   f. Mis padres son **estrictos**   g. Nunca **hago footing**

11. Translate into Spanish

a. Mi hermano es **bombero**   b. No **trabajo**. Soy **estudiante**   c. De vez en cuando **voy** al cine con mi padre

d. Nunca **veo** la tele   e. **Odio** a mis profesores   f. Mis padres son **estrictos**   g. Nunca **hago footing**

 **THE LANGUAGE GYM**

Unit 17 - Describing my house
Grammar Times 14 &15

Unit 17. Describing my house: VOCAB BUILDING (PART 1) (Page 138)

1. Match up

vivo en – **I live in**   una casa – **a house**   un piso – **a flat**   grande – **big**   nuevo – **new**   el campo – **the countryside**
zona – **area**   residencial – **residential**

2. Translate into English

a. I live in a small, old house   b. I live in a big, new flat   c. My flat is on the outskirts   d. My house is in the countryside
e. My favourite room is my bedroom   f. I like the kitchen   g. I like working in the living room
h. I always have a shower in the bathroom   i. I like to relax in the garden

3. Complete with the missing words

a. Vivo **en** la costa   b. Me **gusta** mi casa   c. **Vivo** en una casa vieja pero **bonita**   d. Me gusta **relajarme** en el salón
e. Mi **casa** está en las **afueras**   f. ¡Nunca me **ducho** en el jardín!

4. Complete the words (about 'una casa')

a. una **casa**   b. f**ea**   c. n**ueva**   d. v**ieja**   e. g**rande**   f. **en**   g. la **costa**   h. las a**fueras**   i. el **centro**   j. el j**ardín**
k. la t**erraza**   l. mi d**ormitorio**

5. Classify the words/phrases below in the table below

Time phrases: a, c, j   **Nouns:** f, h, k, l, o   **Verbs:** b, g, n, p   **Adjectives:** d, e, i, m

6. Translate into Spanish

a. Vivo en un piso viejo   b. Vivo en una casa nueva   c. En el centro de la ciudad   d. Me gusta relajarme en el salón
e. Siempre me ducho en el cuarto de baño   f. Vivo en una zona residencial   g. Mi habitación favorita es la cocina

Unit 17. Describing my house: VOCABULARY BUILDING (PART 2) (Page 139)

1. Match up

vivo en **un piso**   una casa **bonita**   en la **costa**   un piso **moderno**   en el **centro**   una zona **residencial**
siempre me **ducho**   me gusta **relajarme**

2. Complete with the missing word

a. No me gusta **trabajar**   b. Es pequeño pero **bonito**   c. Está en el **centro** de la ciudad   d. Está en las **afueras**
e. Vivo en una **casa** grande   f. En una **zona** residencial   g. Mi **habitación** favorita es…   h. Me relajo en el **jardín**
i. Estudio en mi **dormitorio**   j. **Hay** cuatro habitaciones

3. Translate into English

a. I live in a small house   b. It is on the coast   c. A big but ugly flat   d. It is in a residential area
e. In my house there are five rooms   f. I like to work in the dining room   g. I like to relax
h. I live in a house on the coast   i. I live on the outskirts of the city

4. Broken words

a. Me gusta re**lajarme**   b. Vivo en la m**ontaña**   c. El centro de la ci**udad**   d. Nunca me d**ucho**   e. …en el j**ardín**
f. Mi habitación f**avorita**…   g. Mi do**rmitorio**

5. 'El, 'La' or 'Las'?

a. **la** costa   b. **el** campo   c. **el** comedor   d. **el** salón   e. **la** ciudad   f. **el** jardín   g. **el** cuarto de baño   h. **la** habitación
i. **las** afueras   j. **la** zona

6. Bad translation – spot any translation errors and fix them

a. I live in a ~~flat~~ **house** on the coast   b. My favourite room is the ~~dining room~~ **kitchen**   c. I like to ~~work out~~ **relax**
in my bedroom   d. I live in a ~~house~~ **flat** in a residential area   e. I ~~don't~~ like my house because it it big and ~~ugly~~ **pretty**
f. I like to work in ~~a saloon~~ **the living room**   g. In my house there are four~~teen~~ rooms

Unit 17. Describing my house: READING (Page 140)

1. Answer the following questions about Dante

a. Italy   b. It's big and pretty   c. 10   d. the kitchen   e. In his bedroom   f. In a house in the mountains

g. No, because it is small

2. Find the Spanish for the phrases below in Miquel's text

a. mi casa está en el centro   b. vivo cerca   c. hablo catalán y español   d. también tengo un jardín

e. me gusta mucho comer   f. vive en el jardín   g. me gusta relajarme   h. me gusta trabajar aquí

3. Find Someone Who…

a. Ariella   b. Miquel   c. Dante   d. Lenny   e. Miquel   f. Ariella   g. Miquel   h. Dante

4. Find the Spanish for the following phrases/sentences in Ariella's text

a. soy de Cuba   b. siempre me despierto a las cinco   c. vivo lejos del colegio   d. el piso es muy viejo   e. y un poco feo

f. pero me gusta   g. a veces leo libros

Unit 17. Describing my house: TRANSLATION (Page 141)

1. Gapped translation

a. **Vivo en las afueras** – I live on the **outskirts**   b. **Mi casa es muy grande pero un poco fea** – My house is **very** big but

a bit ugly   c. **Está en la montaña** – It is in the **mountains**   d. Vivo en el centro **de la ciudad** – **I live in the city centre**

e. En mi casa **hay** cinco habitaciones – **In my house there are five rooms**   f. No me gusta mucho la **cocina** porque

es **fea** – **I don't really like the kitchen because it's ugly**

2. Translate to English

a. the coast   b. a flat   c. I live in   d. the centre   e. of the city   f. my favourite room   g. I like to relax   h. my bedroom

i. the living room

3. Translate into English

a. I live in a small, ugly flat   b. My house is modern but quite pretty   c. My flat is old but I like it a lot   d. I live in a house

on the coast   e. In my house there are five rooms   f. My favourite room is my bedroom

4. Translate into Spanish

a. big – **grande**   b. small – **pequeño/a**   c. outskirts – a**fueras**   d. coast – **costa**   e. area – **zona**

f. residential – **residencial**   g. ugly – f**eo/a**   h. room – h**abitación**   i. there are – h**ay**   j. old – **viejo/a** or **antiguo/a**

5. Translate into Spanish

a. Vivo en una casa pequeña   b. en el centro de la ciudad   c. en mi casa hay…   d. siete habitaciones   e. mi habitación

favorita es…   f. el salón   g. Me gusta relajarme en mi dormitorio   h. y me gusta trabajar en el salón

i. vivo en un piso pequeño y viejo   j. en una zona residencial

Grammar Time 14: VIVIR – to live (Page 143)

1. Match

viven – they live   **vivimos** – we live   **vive** – he/she lives   **vivo** – I live   **vivís** – you guys live   **vives** – you live

2. Complete with the correct form of 'vivir'

a. **Vivo** en una casa bonita   b. ¿Dónde **vives** tú?   c. **Vivo** en Londres desde hace tres años   d. **Vive** en una casa en la costa

e. ¿**Vives** en una casa o en un piso?   f. **Viven** en un piso antiguo   g. **Vivimos** en las afueras   h. Mi padre **vive** en

una granja

3. Complete with the correct form of 'vivir'

a. Mi madre y yo **vivimos** en Barcelona. Mi padre **vive** en Madrid   b. ¿Dónde **vivís**?   c. Yo **vivo** en Londres. Mi hermano

vive en Roma   d. Mis tíos **viven** en Estados Unidos   f. Mi novia no **vive** aquí   g. **Vivo** en una casa muy grande en las

afueras   h. ¡**Vives** en una casa enorme!

4. Spot and correct the errors

a. No viv**o** en el centro de la ciudad   b. Mis padres viv**en** aquí   c. Mi novia viv**e** en un piso en la costa   d. Mi madre y yo

viv**imos** en las afueras   e. Mis hermanos no viv**en** con nosotros   f. Mi abuelo materno viv**e** con nosostros

5. Complete the translation

a. Mis **hermanos viven** en el **campo**   b. **Vivo** en un **piso**   c. Mi madre no **vive con** mi padre   d. **Vivimos** en las **afueras**

e. ¿Dónde **vives**?   f. **Viven** en una **casa pequeña**

6. Translate into Spanish

a. Mis padres y yo vivimos en una casa acogedora   b. Mi madre vive en una casa pequeña en la costa

c. Mis primos viven en una casa bonita en el campo   d. Mi novia vive en un piso moderno en el centro

e. Mis hermanas viven en un piso antiguo en las afueras

f. Mi mejor amigo Paco vive en un piso espacioso cerca del centro de la ciudad

Grammar Time 15: Reflexives (Part 1) / IR (Part 2) (Page 144)

1. Complete with <u>me</u>, <u>se</u> or <u>nos</u>

a. **se** levantan   b. **me** ducho   c. **se** queja   d. **nos** lavamos   e. **se** cepilla los dientes   f. **nos** peinamos   g. **se** relajan

h. **se** arreglan

2. Complete with the correct form of the verb

a. **se cepilla** los dientes   b. **nos duchamos** enseguida   c. **se cansa** mucho durante las clases de educación física

d. nunca **se afeita**   e. nunca **se relaja**   f. **se levantan** temprano.   g. siempre **se queja**

3. Translate into English

a. I get up at around 6, but my brother gets up at around 7. I shower right away but my brother never showers.

b. My sister relaxes before school. She always looks at herself in the mirror.

c. I shave nearly every day. My father shaves every day.

d. My parents get up earlier than me. After, they wash and have breakfast before us.

e. My father is bald, so he never combs his hair.

f. My mother has lots of hair. She combs her hair for half an hour before leaving the house.

g. We don't have a bathtub at home. Therefore, we shower but we don't bathe/have a bath.

h. I brush my teeth five times a day. In contrast, my brother brushes his teeth only once a day.

4. Find in the Felipe's text below the Spanish for

a. se levantan   b. mi padre se levanta   c. se ducha   d. se arregla   e. mi madre se levanta   f. él sale de casa   g. se afeita

h. se peina

5. Find the Spanish in Mario's text

a. yo me levanto   b. me lavo   c. me peino   d. me lavo los dientes   e. me arreglo   f. me afeito   g. me ducho   h. bebo

i. salgo de casa

6. Complete

a. me duch**o**   b. se afeit**a**   c. nos duch**amos**   d. os lav**áis**   e. me prepar**o**   f. se pein**an**   g. me cepill**o** los dientes

h. se bañ**an**

7. Complete

a. **Se levantan** a las seis   b. **Se afeitan** a las siete   c. **Me levanto** temprano   d. Nunca **se afeita**

e. **Nos lavamos** los dientes despúes de comer   f. Siempre **se mira** en el espejo

8. Translate

a. Normalmente, me ducho a las siete   b. Nunca se lava los dientes   c. Nos afeitamos tres veces a la semana

d. Se levantan temprano   e. Nunca se peina   f. No me baño   g. Nos arreglamos para el colegio   h. Nunca se relajan

Unit 18 - Saying what I do at home
Grammar Time 16

Unit 18. Saying what I do at home: VOCAB BUILDING (Part 1) (Page 148)

1. Match up

leo tebeos – I read comics   **veo películas** – I watch movies   **preparo la comida** – I prepare food   **leo revistas** – I read magazines   **me visto** – I get dressed   **charlo con** – I chat with   **me lavo** – I wash   **me ducho** – I shower

2. Complete with the missing words

a. Me **visto**   b. Leo **tebeos**   c. Leo **revistas**   d. Me lavo los **dientes**   e. Me **ducho**   f. **Preparo** la comida   g. Me **meto** en Internet   h. Escucho **música**   i. **Subo** fotos a Instagram

3. Translate into English

a. Generally I shower at around 7 in the morning   b. I never prepare food   c. Generally I read magazines in the living room

d. At around 7am I have breakfast in the dining room   e. From time to time I chat with my mother in the kitchen

f. I sometimes have breakfast in the kitchen   g. I sometimes play the PlayStation with my brother in the games room

h. I always leave the house at 8am

4. Complete the words

a. me d**ucho**   b. **leo**   c. **chateo**   d. **preparo**   e. s**ubo**   f. me **lavo**   g. me v**isto**   h. **juego**   i. **salgo**   j. **hago**

k. m**onto**   l. **veo**

5. Classify the words/phrases below in the table below

Time phrases: a, b, c, j, k, o

Rooms in the house: d

Things you do in the bathroom: g, i

Free-time activities: e, f, h, l, m, n, p

6. Fill in the table with what activities you do in which room

Juego a la Play en mi dormitorio   **Veo la tele** en el salón   **Me ducho** en el cuarto de baño

Hago mis deberes en mi dormitorio   **Me lavo los dientes** en el cuarto de baño   **Descanso** en el jardín

Preparo la comida en la cocina

Unit 18. Saying what I do at home: VOCABULARY BUILDING (Part 2) (Page 149)

7. Complete the table

I get dressed – **Me visto**   I shower – **Me ducho**   **I do my homework** – Hago mis deberes   I upload photos – **Subo fotos**

I leave the house – Salgo de casa   **I chat with my brother** – Charlo con mi hermano   I rest – **Descanso**

8. Multiple choice quiz

nunca – **never**   a veces – **sometimes**   dormitorio – **bedroom**   me lavo – **I wash**   me ducho – **I shower**   descanso – **I rest**

jardín – **garden**   cocina – **kitchen**   juego – **I play**   leo – **I read**   salgo – **I go out**   siempre – **always**

9. Anagrams

e.g. **nunca** – never   a. **cocina** – kitchen   b. **salgo** – I go out   c. **leo** – I read   d. **siempre** – always

e. **subo fotos**– I upload photos   **f. me lavo** – I wash

10. Broken words

a. la co**cina**   b. nun**ca**   c. a vec**es**   d. sie**mpre**   e. a men**udo**   f. los te**beos**   g. mi dor**mitorio**   h. sa**lgo**   i. ch**ateo**

 THE LANGUAGE GYM

11. Complete based on the translation in brackets

a. A eso de las siete y media, me lavo los dientes   b. A eso de las ocho y cuarto, desayuno   c. A veces preparo la comida

d. Siempre veo la tele mientras desayuno   e. Por lo general salgo de casa a las ocho y media   f. Leo tebeos raramente

g. A eso de las cinco hago mis deberes

12. Gap-fill from memory

a. A veces leo tebeos   b. Siempre me lavo los dientes después de comer   c. Veo series en Netflix todos los días

d. Nunca leo revistas de moda   e. Nunca hago mis deberes   f. Subo fotos a Instagram a menudo   g. En el fin de semana

voy en bici   h. Salgo de casa a eso de las ocho   i. Escucho música a menudo

Unit 18. Saying what I do at home: READING (Page 150)

1. Answer the following questions about Fabián

a. from Gibraltar   b. a dog   c. He goes to the gym and does sport   d. He never plays football and never does any sport

e. in the living room   f. his mum   g. in his bedroom

2. Find the Spanish for the phrases below in Eduardo's text

a. me levanto   b. luego me ducho   c. voy al colegio   d. a caballo   e. me meto en internet   f. sube videos a TikTok

g. bailes nuevos   h. siempre charlo

3. Find Someone Who

a. Eduardo   b. Fabián   c. Eduardo   d. Valentino   e. Fabián   f. Valentino   g. Eduardo   h. Eduardo

4. Find the Spanish for the following phrases/sentences in Valentino's text

a. Soy italiano   b. Me despierto temprano   c. No desayuno nada   d. Valeria desayuna cereales   e. En el comedor

f. En el salón   g. Veo videos de TikTok

Unit 18. Saying what I do at home: WRITING (Page 151)

1. Split sentences

Charlo con mi madre   Descanso en mi dormitorio   Preparo la comida   Subo fotos a Instagram   Hago mis deberes
Me levanto muy temprano   Juego con mi ordenador   Me lavo los dientes

2. Complete with the correct option

a. Me levanto a las seis de la mañana   b. Juego al fútbol en el jardín   c. Veo la tele en el salón   d. Escucho música en
mi dormitorio   e. Preparo la comida con mi padre   f. Me lavo los dientes   g. Veo dibujos animados   h. Voy al colegio a
caballo

3. Spot and correct the grammar and spelling mistakes [note: in several cases a word is missing]

a. Me ducho en el cuarto de baño   b. Desayuno en la cocina   c. En mi dormitorio   d. Juego con el ordenador

e. Salgo de casa a las ocho   f. Hago mis deberes   g. Veo series en Netflix   h. Voy al colegio a caballo   i. El dormitorio de
mi hermano

4. Complete the words

a. desayuno   b. la cocina   c. mi dormitorio   d. el garaje   e. salgo de casa   f. en el salón   g. en el comedor

h. en el cuarto de baño   i. veo películas en el dormitorio de mi hermano

5. Guided writing – write 3 short paragraphs in the first person [I] using the details below

Gonzalo: Me llamo Gonzalo, me levanto a las seis y cuarto, me ducho en el cuarto de baño y desayuno en la cocina. Voy al
colegio con mi hermano. Por la tarde, veo la tele en el salón y preparo la comida en la cocina.

Mauricio: Me llamo Mauricio. Me levanto a las siete y media. Me ducho en la ducha y desayuno en el comedor. Voy al
colegio con mi madre. Por la tarde, leo un libro en mi dormitorio y hablo con mi familia por Skype.

Isidora: Me llamo Isidora. Me levanto a las siete menos cuarto, me ducho en el cuarto de baño y desayuno en el salón. Voy
al colegio con mi tío. Por la tarde escucho música en el jardín y subo fotos en Instagram.

 **THE LANGUAGE GYM**

Grammar Time 16: JUGAR, (Part 3) HACER (Part 3) IR (Part 2) (Page 152-153)

1. Complete: 'Hago', 'Juego' or 'Voy'

a. **Hago** mis deberes   b. **Juego** al ajedrez   c. **Voy** a España   d. **Voy** a la piscina   e. **Juego** en el ordenador

f. **Hago** natación   g. **Juego** al tenis   h. No **hago** nada

2. Complete with the missing forms of the present indicative of the verbs below

Hacer: **hago**, haces, **hace**, **hacemos**, hacéis, **hacen**

Ir: voy, **vas**, **va**, **vamos**, **vais**, van

Jugar: juego, **juegas**, **juegan**, **jugamos**, jugáis, **juegan**

3. Complete with the appropriate verb

a. Mi madre **va** a la iglesia todos los sábados   b. Mi hermana nunca **hace** sus deberes   c. **Jugamos** al baloncesto todos

los días   d. Mis padres no **hacen** mucho deporte   e. Mis hermanos **juegan** al ajedrez a menudo   f. Mi novia y yo **vamos** al

colegio a pie   g. ¿Qué **haces** tú?   h. ¿Adónde **vais**?   i. ¿Qué trabajo **haces** tú?   j. Mi primo **juega** al fútbol con nosotros

k. Mis tíos **van** al estadio a menudo   l. Mi padre **juega** al tenis de vez en cuando   m. En el verano, mis padres y yo

hacemos vela   n. En el fin de semana mis padres no **hacen** nada

4. Complete with the 'nosotros' form of the verbs below

a. **jugamos** al rugby   b. **vamos** a la iglesia   c. **jugamos** al baloncesto   d. **vamos** al colegio   e. **jugamos** al tenis

f. **vamos** al parque   g. **jugamos** al cricket   h. **vamos** a la piscina   i. **hacemos** deporte   j. **hacemos** vela

k. **hacemos** footing   l. **jugamos** al ajedrez

5. Complete with the 'ellos' form of the verbs

a. **juegan** a las damas   b. **van** al estadio   c. **hacen** escalada   d. **hacen** sus deberes   e. **hacen** surf   f. **van** a la playa

g. **van** a casa   h. **juegan** al voleibol   i. **juegan** al tenis   j. **hacen** footing   k. **hacen** pesas   l. **juegan** al cricket

6. Translate into Spanish

a. Jugamos en el ordenador a menudo   b. Mi hermano nunca hace pesas   c. Mi hermana juega al netball todos los días

d. Mi padre nunca hace deporte   e. ¿Qué trabajo hacéis?   f. ¿Dónde vas después del colegio?   g. Mi hermano y yo jugamos

a menudo al ajedrez   h. Mis padres y yo hacemos natación una vez a la semana   i. Mi hermano nunca va a la iglesia

j. Mi mejor amiga va al estadio todos los sábados

7. Complete with the correct ending

a. Mi madre se llam**a** Marina   b. Mi hermano no se lav**a**   c. Me duch**o** a menudo   d. Mi padre se afeit**a** todos los días

e. Primero me duch**o**, luego me pein**o**   f. Nos levant**amos** a eso de las siete   g. ¿Cuándo te duch**as**?   h. ¿Mi hermano nunca

se lav**a**?   i. ¿Cómo os llam**áis**?

8. Translate into Spanish

a. Nos levantamos a las seis   b. Se ducha, luego se afeita   c. Me ducho a eso de las siete   d. Mi padre nunca se afeita

e. Mis hermanos nunca se lavan   f. Se llama Miguel   g. Se bañan   h. Se levanta tarde   i. No se lava/cepilla los dientes

j. ¿Cuándo descansáis?

Unit 19 - My holiday plans
Revision Quickie 6

Unit 19. My holiday plans: VOCABULARY BUILDING (Page 157)

1. Match up

voy a ir – I'm going to go   voy a pasar – I'm going to spend   voy a quedarme – I'm going to stay

un hotel barato – a cheap hotel   un camping – a campsite   me gustaría – I would like to   comprar – to buy

será guay – it will be cool

2. Complete with the missing word

a. Comer y **dormir** b. Voy a **descansar** c. Me **gustaría** ir a… d. **Jugar** con mis amigos e. **Voy a** quedarme en…

f. **Será** aburrido g. Vamos a **pasar** h. Voy a viajar en **avión** i. Voy a pasar dos semanas **allí** con mi **familia**

3. Translate into English

a. This summer I'm going to go to Greece   b. I'm going to spend 3 weeks there   c. I'm going to go to Cuba by plane

d. We are going to go shopping   e. I'd like to go out to the city centre   f. I'm going to play with my friends

g. We would like to eat and sleep   h. I'm going to rest every day   i. I'm going to do sports with my brother

4. Broken words

a. Com**er** y dorm**ir** b. Vamos a qu**edarnos** c. Voy a p**asar** d. Me g**ustaría** ir a… e. Ir a la p**laya** f. M**ontar** en bici

g. **Tomar** el sol h. **Será** relajante

5. 'Ir', 'Jugar' or 'Hacer'?

a. **ir** de compras b. **ir** al centro c. **hacer** turismo d. **jugar** al fútbol e. **hacer** buceo f. **ir** de marcha g. **ir** en bici

h. **hacer** deporte i. **jugar** al ajedrez j. **ir** a la playa

6. Bad translation – spot any translation errors and fix them

a. ~~Last~~ **This** summer ~~I am~~ **we are** going to go to… b. I am going to go to Argentina with my ~~mother~~ **father** c. I am going to ~~drink~~ **eat** and sleep d. I would like to rest a ~~bit~~ **lot** e. ~~I am~~ **We are** going to stay in a hotel f. I am going to spend one week there g. ~~I am~~ **We are** going to travel by coach and ~~barge~~ **boat** h. ~~We are~~ **I am** going to stay in my family's house

Unit 19. My holiday plans: READING (Part 1) (Page 158)

1. Find the Spanish for the following in Hugo's text

a. soy de…   b. pero vivo en…   c. voy a viajar en…   d. con mi novio…   e. vamos a pasar…   f. todos los días…

g. no voy a ir…   h. prefiero tomar el sol…

2. Find the Spanish for the following in Diana's text

a. en barco…   b. tengo mucho tiempo…   c. voy a pasar…   d. me encanta bailar…   e. así que…   f. también…

g. es muy aburrido

3. Complete the following statements about Deryk

a. He is from **Canada** b. His favourite person is **his wife Anna** c. They will travel to **England** and **Canada**

d. Deryk is going to **rest** and **read books** e. Anna is going to **ride a bike** and **eat delicious food** f. "Poutine" is made up of **fries** and **cheese**

4. List any 8 details about Dino (in 3rd person) in English

1. His name is Dino 2. He is Italian 3. This summer he is going to Mexico 4. He is going by plane 5. He is going to spend 2 weeks 6. He is going on his own 7. He is going to visit monuments. 8. He is going to stay in a caravan

5. Find someone who…

a. Diana b. Dino c. Hugo d. Diana e. Hugo

Unit 19. My holiday plans: READING (Part 2) (Page 159)

1. Answer the following questions about Montserrat

a. Barcelona   b. a turtle   c. with her family   d. in a luxurious hotel   e. by car   f. it's an Arabian palace

g. she is going to go shopping

2. Find the Spanish for the phrases below in Josefina's text

a. este verano   b. y luego   c. que se llama   d. una cathedral   e. diseñada por   f. un poco fea   g. la playa allí

h. tomar el sol juntas

3. Find Someone Who – which person…

a. Montserrat   b. Freddie   c. Montserrat   d. Freddie   e. Josefina   f. Montserrat

g. Freddie   h. Josefina

4. Find the Spanish for the following phrases/sentences in Freddie's text

a. mi hermano Brian   b. las ruinas Incas   c. será muy impresionante   d. será duro   e. me gustaría descansar

f. tocar la guitarra   g. nuestro grupo favorito   h. la música rock

Unit 19. My holiday plans: TRANSLATION/WRITING (Page 160)

1. Gapped translation

a. Voy a ir de **vacaciones**   b. Voy a viajar en **coche**   c. Vamos a **pasar** una semana **allí**   d. **Voy a** quedarme en

un hotel **barato**   e. Vamos **a** comer y **dormir** todos los **días**   f. Cuando hace buen **tiempo** voy a ir a la **playa**

g. Voy a ir de **compras**

2. Translate to English

a. to eat   b. to buy   c. to rest   d. to go sightseeing   e. to go to the beach   f. every day   g. by plane   h. to go diving

i. to go out in the city centre

3. Spot and correct the grammar and spelling mistakes [note: in several cases a word is missing]

a. Voy **a** hacer deporte   b. Voy a pas**ar** una semana allí   c. Voy a quedarme **en** un hotel **de** lujo

d. Vamos quedar**nos** en un**a** hotel   e. Me gustar**ía** jugar **al** fútbol   f. Vamos a sa**l**lir al cent**er**o   g. Voy a **ir** a la playa

h. Voy a jugar **con** mis amigos

4. Categories: Positive or Negative?

a. Será divertido – **P**   b. Será aburrido – **N**   c. Será agradable – **P**   d. Será relajante – **P**   e. Será interesante – **P**

f. Será terrible – **N**   g. Será curioso – **P**   h. Será asqueroso – **N**   i. Será fascinante – **P**   j. Será impresionante – **P**

5. Translate into Spanish

a. Voy a descansar   b. Voy a hacer buceo   c. Vamos a ir a la playa   d. Voy a tomar el sol   e. Me gustaría hacer turismo

f. Voy a alojarme en...   g. ...un hotel barato   h. Vamos a pasar dos semanas   i. Voy a ir en avión   j. Será divertido

Revision Quickie 6: Daily Routine/ House/ Home life/ Holidays (Page 161)

1. Match-up

en las afueras – on the outskirts   **en el cuarto de baño** – in the bathroom   **en la cocina** – in the kitchen

en mi casa – in my house   **en el jardín** – in the garden   **en mi habitación** – in my bedroom   **en el comedor** – in the

dining room   **en la ducha** – in the shower   **en el salón** – in the living room

2. Complete with the missing letters

a. Me du**cho**   b. Me le**va**nto   c. V**eo** la tele   d. L**eo** tebeos   e. Sa**lgo** de casa   f. Ll**ego** al colegio   g. Co**jo** el autobús

h. Me vi**sto**   i De**sa**yuno

3. Spot and correct any of the sentences below which do not make sense

a. Me ducho en el **cuarto de baño**   b. Como en **el comedor**   c. Preparo la comida en **la cocina**   d. Me lavo el pelo en **el**

cuarto de baño   e. Voy **al colegio** en autobús   f. Juego al ping-pong con mi **hermano**   g. El sofá está en **el salón**

h. Veo la tele en el **salón**   i. Duermo en el **dormitorio**   j. Pongo el coche en **el garaje**

4. Split sentences

Veo **la tele**   Escucho **música**   Leo **tebeos**   Cojo **el autobús**   Desayuno **cereales**   Voy a ir a Japón **en avión**

Bebo **un café**   Subo fotos **a Instagram**   Hago mis **deberes**   Arreglo **mi dormitorio**   Trabajo en **el ordenador**

Juego **a las cartas**

5. Match the opposites

bueno – **malo**   simpático – **antipático**   fácil – **difícil**   divertido – **aburrido**   sano – **malsano**   feo – **hermoso**

caro – **barato**   lento – **rápido**   a menudo – **raramente**   nunca – **siempre**   bajo – **alto**

6. Complete with the missing words

a. Voy a ir a Japón **en** avión   b. Voy a ir a Italia **con** mis padres   c. Nunca juego **al** fútbol   d. Odio **el** cricket

e. Me quedo en un hotel **de** lujo   f. Voy al parque una vez **a la** semana   g. Me meto **en** Internet

h. Subo fotos **en/a** Instagram

7. Draw a line in between each word

a. Me gusta mucho jugar al baloncesto   b. Veo la tele y escucho música   c. En mi tiempo libre juego a los videojuegos

d. Voy a ir a Alemania en coche   e. Voy a quedarme en un hotel de lujo   f. Por la mañana voy a ir a la playa   g. Voy a ir de

marcha este sábado   h. Nunca hago mis deberes

8. Spot the translation mistakes and correct them

a. I ~~go to bed~~ **get up** early   b. I hate ~~volleyball~~ **basketball**   c. I am going to go to the ~~beach~~ **swimming pool**

d. ~~I am~~ **We are** not going to do anything   e. I am going to ~~run~~ **swim**   f. I am going to travel by ~~plane~~ **car**   g. I am going to

stay in a ~~cheap~~ **luxurious hotel**   h. I am going to watch a ~~series~~ **movie**

9. Translate into English:

a. I take a plane   b. I am going to go   c. I am going to stay   d. I wash   e. I watch a movie   f. I tidy up my bedroom

g. I have vegetables for dinner   h. I have eggs for breakfast   i. I don't do anything   j. I work on the computer

10. Translate into Spanish

a. Me ducho, luego desayuno   b. Mañana voy a ir a Japón   c. Arreglo mi dormitorio todos los días   d. Nunca juego al

baloncesto   e. Me levanto temprano   f. Como mucho para el desayuno   g. Voy a ir a Italia en coche   h. En mi tiempo libre

juego al ajedrez y leo libros   i. Paso muchas horas en internet

11. Translate into Spanish

a. **c**eno   b. **v**eo   c. **h**ago   d. **l**impio   e. **l**eo   f. **t**rabajo   g. **d**escanso   h. **a**rreglo   i. **c**ojo

Question Skills 4: Daily routine/House/Home life/Holidays (Page 163)

1. Complete the questions with the correct option

a. ¿**A qué** hora te levantas?   b. ¿**Cómo** pasas tu tiempo libre?   c. ¿**Qué** haces después del colegio?   d. ¿**Cuántas** horas

pasas en el ordenador?   e. ¿**Con quién** juegas a la Play?   f. ¿**Por qué** no haces más deporte?   g. ¿**Adónde** vas el viernes

por la noche?   h. ¿**Cuál** es tu habitación preferida?

2. Split questions

¿**A qué** hora vuelves a casa?   ¿**Qué comes** para el desayuno?   ¿**Qué** haces en tu tiempo libre?   ¿**Con** quién juegas al

ajedrez?   ¿**Por qué** no juegas al fútbol con nosotros?   ¿**Cuántas** veces a la semana vas al gimnasio?   ¿**Dónde** haces

footing?   ¿**Cómo pasas** tu tiempo libre?   ¿**Ayudas a** tus padres en casa?

3. Match each statement below to one of the questions included in activity 1 above

a. Dos o tres – **d**   b. Lo paso jugando en el ordenador – **b**   c. Con mi hermano menor – **e**   d. A eso de la seis – **a**

e. Voy a discotecas con mi mejor amigo – **g**   f. Vuelvo a casa – **c**   g. Porque soy perezoso y no tengo tiempo – **f**

h. Mi dormitorio, por supuesto – **h**

4. Translate into Spanish

a. ¿Quién?   b. ¿Cuándo?   c. ¿Con quién?   d. ¿Por qué?   e. ¿Cuántas?   f. ¿Cuánto?   g. ¿Cuáles?   h. ¿Adónde?

i. ¿Haces…?   j. ¿Puedes…?   k. ¿Dónde está…?   l. ¿Cuántas horas?   m. ¿Cuántas personas?

5. Translate

a. ¿Dónde está tu dormitorio?   b. ¿Dónde vas después del colegio?   c. ¿Qué haces en tu tiempo libre?   d. ¿Hasta qué hora

estudias?   e. ¿Cuánto tiempo pasas en internet?   f. ¿Cuál es tu pasatiempo favorito?   g. ¿Qué haces para ayudar en casa?

THE LANGUAGE GYM

57

VOCABULARY TESTS

Unit 1: "Talking about my age" TOTAL SCORE: /30 (Page 164)

1a. Translate the following sentences (worth one point each) into Spanish

What is your name? – **¿Cómo te llamas?**   My name is Pablo – **Me llamo Pablo**

How old are you? – **¿Cuántos años tienes?**   I am five years old – **Tengo cinco años**

I am seven years old – **Tengo siete años**   I am nine years old – **Tengo nueve años**

I am ten years old – **Tengo diez años**   I am eleven years old – **Tengo once años**

I am twelve years old – **Tengo doce años**   I am thirteen years old – **Tengo trece años**

1b. Translate the following sentences (worth two points each) into Spanish

What is your brother called? – **¿Cómo se llama tu hermano?**

What is your sister called? – **¿Cómo se llama tu hermana?**

My brother is called Mario – **Mi hermano se llama Mario**

My sister is fourteen years old – **Mi hermana tiene catorce años**

My brother is fifteen years old – **Mi hermano tiene quince años**

I don't have any siblings – **No tengo hermanos**

My name is Jean and I am French – **Me llamo Jean y soy francés**

I have a brother who is called Felipe – **Tengo un hermano que se llama Felipe**

I live in the capital of Japan – **Vivo en la capital de Japón**

I live in the capital of France –**Vivo en la capital de Francia**

Unit 2: "Saying when my birthday is" TOTAL SCORE: /30 (Page 165)

1a. Translate the following sentences (worth one point each) into Spanish

My name is Sergio – **Me llamo Sergio**   I am eleven years old – **Tengo once años**

I am fifteen years old – **Tengo quince años**   I am eighteen years old – **Tengo dieciocho años**

The 3rd May – **El tres de mayo**   The 4th April – **El cuatro de abril**

The 5th June – **El cinco de junio**   The 6th September – **El seis de septiembre**

The 10th October – **El diez de octubre**   The 8th July – **El ocho de julio**

1b. Translate the following sentences (worth two points each) into Spanish

I am 17. My birthday is on 21st June – **Tengo diecisiete años. Mi cumpleaños es el veintiuno de junio**

My brother is called Julio. He is 19 – **Mi hermano se llama Julio. Tiene diecinueve años**

My sister is called Maria. She is 22 – **Mi hermana se llama María. Tiene veintidós años**

My brother's birthday is on 23rd March – **El cumpleaños de mi hermano es el veintitrés de marzo**

My name is Felipe. I am 15. My birthday is on 27th July

 – **Me llamo Felipe. Tengo quince años. Mi cumpleaños es el veintisiete de julio**

My name is Gregorio. I am 18. My birthday is on 30th June

– **Me llamo Gregorio. Tengo dieciocho años. Mi cumpleaños es el treinta de junio**

When is your birthday? – **¿Cuándo es tu cumpleaños?**

Is your birthday in October or November? – **¿Es tu cumpleaños en octubre o en noviembre?**

My brother is called Paco. His birthday is on 31st January

– **Mi hermano se llama Paco. Su cumpleaños es el treinta y uno de enero**

Is your birthday in May or June? – **¿Tu cumpleaños es en mayo o junio?**

Unit 3: "Describing hair and eyes" TOTAL SCORE: /30 (Page 166)

1a. Translate the following sentences (worth one point each) into Spanish

black hair – **el pelo moreno**

blond hair – **el pelo rubio**

My name is Gabriela – **Me llamo Gabriela**

I have long hair – **Tengo el pelo largo**

I have green eyes – **Tengo los ojos verdes**

dark brown (black) eyes – **los ojos negros**

blue eyes – **los ojos azules**

I am 12 years old – **Tengo doce años**

I have short hair – **Tengo el pelo corto**

I have brown eyes – **Tengo los ojos marrones**

1b. Translate the following sentences (worth two points each) into Spanish

I have grey hair and grey eyes – **Tengo el pelo gris y los ojos grises**

I have red straight hair – **Tengo el pelo pelirrojo y liso**

I have curly white hair – **Tengo el pelo rizado y blanco**

I have brown hair and brown eyes – **Tengo el pelo castaño y los ojos marrones**

I wear glasses and have spikey hair – **Llevo gafas y tengo el pelo en punta**

I don't wear glasses and I have a beard – **No llevo gafas y tengo barba**

My brother has blond hair and has a moustache – **Mi hermano tiene el pelo rubio y tiene bigote**

My brother is 22 years old and has a crew cut – **Mi hermano tiene veintidós años y tiene el pelo muy corto/rapado**

Do you wear glasses? – **¿Llevas gafas?**

My sister has blue eyes and wavy black hair – **Mi hermana tiene los ojos azules y el pelo moreno y ondulado**

Unit 4 "Saying where I live and am from" TOTAL SCORE: /30 (Page 167)

1a. Translate the following sentences (worth one point each) into Spanish

My name is – **Me llamo**

I live in – **Vivo en**

In a modern building – **En un edificio moderno**

On the outskirts – **En las afueras**

On the coast – **En la costa**

I am from – **Soy de**

In a house – **En una casa**

In an old building – **En un edificio antiguo**

In the centre – **En el centro**

In Zaragoza – **En Zaragoza**

1b. Translate the following sentences (worth two points each) into Spanish

My brother is called Paco – **Mi hermano se llama Paco**

My sister is called Alejandra – **Mi hermana se llama Alejandra**

I live in an old building – **Vivo en un edificio antiguo**

I live in a modern building – **Vivo en un edificio moderno**

I live in a beautiful house on the coast – **Vivo en una casa bonita en la costa**

I live in an ugly house in the centre – **Vivo en una casa fea en el centro**

I am from Madrid but live in the centre of Buenos Aires – **Soy de Madrid pero vivo en el centro de Buenos Aires**

I am 15 years old and I am Spanish – **Tengo quince años y soy español**

I am Spanish, from Zaragoza, but I live in Bogota, in Colombia

– **Soy español, de Zaragoza , pero vivo en Bogotá, en Colombia**

I live in a small apartment in the countryside – **Vivo en un piso pequeño en el campo**

Unit 5 "Talking about my family/numbers 1-100" TOTAL SCORE: /30 (Page 168)

1a. Translate the following sentences (worth one point each) into Spanish

my younger brother – **mi hermano menor**   my older brother – **mi hermano mayor**

my older sister – **mi hermana mayor**   my younger sister – **mi hermana menor**

my father – **mi padre**   my mother – **mi madre**

my uncle – **mi tío**   my auntie – **mi tía**

my male cousin – **mi primo**   my female cousin – **mi prima**

1b. Translate the following sentences (worth two points each) into Spanish

In my family there are four people – **En mi familia hay cuatro personas**

My father, my mother and two brothers – **Mi padre, mi madre y mis dos hermanos**

I don't get along with my older brother – **No me llevo bien con mi hermano mayor**

My older sister is 22 – **Mi hermana mayor tiene veintidós años**

My younger sister is 16 – **Mi hermana menor tiene dieciséis años**

My grandfather is 78 – **Mi abuelo tiene setenta y ocho años**

My grandmother is 67 – **Mi abuela tiene sesenta y siete años**

My uncle is 54 – **Mi tío tiene cincuenta y cuatro años**

My auntie is 44 – **Mi tía tiene cuarenta y cuatro años**

My female cousin is 17 – **Mi prima tiene diecisiete años**

Unit 6 "Describing myself and my family members" TOTAL SCORE: /30 (Page 169)

1a. Translate the following sentences (worth one point each) into Spanish

tall (masculine) – **alto**   short (feminine) – **baja**

ugly (masculine) – **feo**   good-looking (masculine) – **guapo**

generous (masculine) – **generoso**   boring (feminine) – **aburrida**

intelligent (masculine) – **inteligente**   muscular (masculine) – **musculoso**

good (feminine) – **buena**   fat (masculine) – **gordo**

1b. Translate the following sentences (worth two points each) into Spanish

My mother is strict and boring – **Mi madre es estricta y aburrida**

My father is stubborn and unfriendly – **Mi padre es terco y antipático**

My older sister is intelligent and hard-working – **Mi hermana mayor es inteligente y trabajadora**

My younger sister is sporty – **Mi hermana menor es deportista**

In my family I have five people – **En mi familia hay cinco personas**

I get along with my older sister because she is nice – **Me llevo bien con mi hermana mayor porque es simpática**

I don't get along with my younger sister because she is annoying

– **No me llevo bien con mi hermana menor porque es molesta**

I love my grandparents because they are funny and generous

– **Me encantan mis abuelos porque son divertidos y generosos**

What are your parents like? – **¿Cómo son tus padres?**

My uncle and auntie are fifty and I don't get along with them

– **Mi tío y mi tía tienen cincuenta años y no me llevo bien con ellos**

THE LANGUAGE GYM

Unit 7 "Talking about pets" TOTAL SCORE: /40 (Page 170)

1a. Translate the following sentences (worth one point each) into Spanish

a horse – **un caballo**   a rabbit – **un conejo**

a dog – **un perro**   a turtle – **una tortuga**

a bird – **un pájaro**   a parrot – **un loro**

a duck – **un pato**   a guinea pig – **una cobaya**

a cat – **un gato**   a mouse – **un ratón**

1b. Translate the following sentences (worth three points each) into Spanish

I have a white horse – **Tengo un caballo blanco**

I have a green turtle – **Tengo una tortuga verde**

At home we have two fish – **En casa tenemos dos peces**

My sister has a spider – **Mi hermana tiene una araña**

I don't have pets – **No tengo mascotas**

My friend Pedro has a blue bird – **Mi amigo Pedro tiene un pájaro azul**

My cat is very fat – **Mi gato es muy gordo**

I have a snake that is called Adam – **Tengo una serpiente que se llama Adam**

My duck is funny and noisy – **Mi pato es divertido y ruidoso**

How many pets do you have at home? – **¿Cuántas mascotas tienes en casa?**

Unit 8 "Talking about jobs" TOTAL SCORE: /40 (Page 171)

1a. Translate the following sentences (worth one point each) into Spanish

He is a cook – **Es cocinero**   She is a doctor – **Es médica**

He is a journalist – **Es periodista**   He is a teacher – **Es profesor**

She is a waitress – **Es camarera**   She is a businesswoman – **Es mujer de negocios**

She is a nurse – **Es enfermera**   He is a hairdresser – **Es peluquero**

He is a househusband – **Es amo de casa**   She is a farmer – **Es granjera**

1b. Translate the following sentences (worth three points each) into Spanish

My uncle is a cook – **Mi tío es cocinero**

My mother is a nurse – **Mi madre es enfermera**

My grandparents don't work – **Mis abuelos no trabajan**

My sister works as a teacher – **Mi hermana trabaja de profesora**

My auntie is an actress – **Mi tía es actriz**

My (male) cousin is a student – **Mi primo es estudiante**

My (male) cousins are lawyers – **Mis primos son abogados**

He doesn't like it because it is hard – **No le gusta porque es duro**

He likes it because it is gratifying – **Le gusta porque es gratificante**

He hates it because it is stressful – **Lo odia porque es estresante**

UNIT 9 "Comparing people" TOTAL SCORE: /50 (Page 172)

1a. Translate the following sentences (worth two points each) into Spanish

He is taller than me – **Él es más alto que yo**

He is more generous than her – **Él es más generoso que ella**

She is less fat than him – **Ella es menos gorda que él**

He is slimmer than her – **Él es más delgado que ella**

She is better looking than him – **Ella es más guapa que él**

She is more talkative than me – **Ella es más habladora que yo**

I am more funny than him – **Soy más gracioso/a que él**

My dog is less noisy – **Mi perro es menos ruidoso**

My rabbit is more fun – **Mi conejo es más divertido**

She is as talkative as me – **Ella es tan habladora como yo**

1b. Translate the following sentences (worth 3 points each) into Spanish

My brother is stronger than me – **Mi hermano es más fuerte que yo**

My mother is shorter than my father – **Mi madre es más baja que mi padre**

My uncle is better looking than my father – **Mi tío es más guapo que mi padre**

My older sister is more talkative than my younger sister – **Mi hermana mayor es más habladora que mi hermana menor**

My sister and I are taller than my cousins – **Mi hermana y yo somos más altos que mis primos**

My grandfather is less strict than my grandmother – **Mi abuelo es menos estricto que mi abuela**

My friend Paco is friendlier than my friend Felipe – **Mi amigo Paco es más simpático que mi amigo Felipe**

My rabbit is quieter than my duck – **Mi conejo es más tranquilo/menos ruidoso que mi pato**

My cat is fatter than my dog – **Mi gato es más gordo que mi perro**

My mouse is faster than my turtle – **Mi ratón es más rápido que mi tortuga**

Unit 10 "Talking about what is in my schoolbag" TOTAL SCORE: /40   (Page 173)

1a. Translate the following sentences (worth one point each) into Spanish

I have a pen – **Tengo un bolígrafo**

I have a ruler – **Tengo una regla**

I have a rubber – **Tengo una goma**

In my bag – **En mi mochila**

In my pencil case – **En mi estuche**

My friend Paco – **Mi amigo Paco**

Pedro has – **Pedro tiene**

I don't have – **No tengo**

A purple exercise book – **Un cuaderno morado**

A yellow pencil sharpener – **Un sacapuntas amarillo**

1b. Translate the following sentences (worth three points each) into Spanish

In my schoolbag I have four books – **En mi mochila tengo cuatro libros**

I have a yellow pencil case – **Tengo un estuche amarillo**

I have a red schoolbag – **Tengo una mochila roja**

I don't have black markers – **No tengo rotuladores negros**

There are two blue pens – **Hay dos bolígrafos azules**

My friend Paco has a pencil sharpener – **Mi amigo Paco tiene un sacapuntas**

Do you guys have a rubber? – **¿Tenéis una goma?**

Do you have a red pen? – **¿Tienes un bolígrafo rojo?**

Is there a ruler in your pencil case? – **¿Hay una regla en tu estuche?**

What is there in your schoolbag? – **¿Qué hay en tu mochila?**

 **THE LANGUAGE GYM**

Unit 11 " Talking about food" – Part 1   TOTAL SCORE: /80 (Page 174)

1a. Translate the following sentences (worth three points each) into Spanish

I don't like milk – **No me gusta la leche**

I love meat – **Me encanta la carne**

I don't like fish much – **No me gusta mucho el pescado**

I hate chicken – **Odio el pollo**

Fruit is good – **La fruta es buena**

Honey is healthy – **La miel es sana**

I prefer mineral water – **Prefiero el agua mineral**

Milk is disgusting – **La leche es asquerosa**

Chocolate is delicious – **El chocolate es delicioso**

Cheese is unhealthy – **El queso es malsano**

1b. Translate the following sentences (worth five points each) into Spanish

I love chocolate because it is delicious – **Me encanta el chocolate porque es delicioso**

I like apples a lot because they are healthy – **Me gustan las manzanas porque son sanas**

I don't like red meat because it is unhealthy – **No me gusta la carne roja porque es malsana**

I don't like sausages because they are unhealthy – **No me gustan las salchichas porque son malsanas**

I love fish with potatoes – **Me encanta el pescado con patatas**

I hate seafood because it is disgusting – **Odio el marisco porque es asqueroso**

I like fruit because it is light and delicious – **Me gusta la fruta porque es ligera y deliciosa**

I like spicy chicken with vegetables – **Me gusta el pollo picante con verduras**

I like eggs because they are rich in protein – **Me gustan los huevos porque son ricos en proteínas**

Roast chicken is tastier than fried fish – **El pollo asado es más sabroso que el pescado frito**

Unit 12 "Talking about food" – Part 2 TOTAL SCORE: /40 (Page 175)

1a. Translate the following sentences (worth one point each) into Spanish

I have breakfast – **Desayuno**	Light – **Ligero/a**
I have lunch – **Almuerzo**	Disgusting – **Asqueroso/a**
I have afternoon 'snack' – **Meriendo**	Refreshing – **Refrescante**
I have dinner – **Ceno**	Healthy – **Saludable / Sano/a**
Delicious – **Delicioso/a**	Sweet – **Dulce**

1b. Translate the following sentences (worth three points each) into Spanish

I eat eggs and coffee for breakfast – **Desayuno huevos y café**

I have seafood for lunch – **Almuerzo marisco**

I never have dinner – **Nunca ceno**

For snack I have two 'toasts' – **Para la merienda, tomo dos tostadas**

In the morning I usually eat fruit – **Por la mañana suelo comer fruta/normalmente como fruta**

I love meat because it is tasty – **Me encanta la carne porque es sabrosa**

From time to time I eat cheese – **A veces como queso**

In the evening I eat little – **Por la noche como poco**

We eat a lot of meat and fish – **Comemos mucha carne y pescado**

I don't eat sweets often – **No como dulces/caramelos a menudo**

Unit 13: "Describing clothes and accessories" TOTAL SCORE: /50 (Page 176)

1a. Translate the following sentences (worth two points each) into Spanish

a red skirt – **una falda roja**

a blue suit – **un traje azul**

a green scarf – **una bufanda verde**

black trousers – **unos pantalones negros**

a white shirt – **una camisa blanca**

a brown hat – **un sombrero marrón**

a yellow t-shirt – **una camiseta amarilla**

blue jeans – **unos vaqueros azules**

a purple tie – **una corbata morada/violeta**

grey shoes – **unos zapatos grises**

1b. Translate the following sentences (worth three points each) into Spanish

I often wear a black baseball cap – **A menudo llevo una gorra negra**

At home I wear a blue track suit – **En casa llevo un chándal azul**

At school we wear a green uniform – **En el colegio llevo un uniforme verde**

At the beach I wear a red bathing suit – **En la playa llevo un bañador rojo**

My sister always wears jeans – **Mi hermana siempre lleva vaqueros**

My brother never wears a watch – **Mi hermano nunca lleva reloj**

My mother wears branded clothes – **Mi madre lleva ropa de marca**

I very rarely wear suits – **Casi nunca/raramente llevo trajes**

My girlfriend wears a pretty dress – **Mi novia lleva un vestido bonito**

My brothers always wear trainers – **Mis hermanos siempre llevan zapatillas de deporte**

Unit 14 "Talking about free time" TOTAL SCORE: /70 (Page 177)

1a. Translate the following sentences (worth two points each) into Spanish

I do my homework – **Hago mis deberes**

I play football – **Juego al fútbol**

I go rock climbing – **Hago escalada**

I go cycling – **Hago ciclismo**

I do weights – **Hago pesas**

I go to the swimming pool – **Voy a la piscina**

I do sport – **Hago deporte**

I go horse riding – **Hago equitación**

I play tennis – **Juego al tenis**

I go to the beach – **Voy a la playa**

1b. Translate the following sentences (worth five points each) into Spanish

I never play basketball because it is boring – **Nunca juego al baloncesto porque es aburrido**

I play with the PlayStation with my friends – **Juego a la Play con mis amigos**

My father and I go fishing from time to time – **Mi padre y yo vamos de pesca de vez en cuando**

My brother and I go to the gym every day – **Mi hermano y yo vamos al gimnasio todos los días**

I do weights and go jogging every day – **Hago pesas y footing todos los días**

When the weather is nice, we go hiking – **Cuando hace buen tiempo, hacemos senderismo**

When the weather is bad, I play chess – **Cuando hace mal tiempo, juego al ajedrez**

My father goes swimming at the weekend – **Mi padre hace natación en el fin de semana**

My younger brothers go to the park after school – **Mis hermanos menores van al parque después del colegio**

In my free time, I go rock climbing or to my friend's house

– **En mi tiempo libre, hago escalada o voy a casa de mi amigo**

Unit 15 "Talking about weather and free time" TOTAL SCORE: /60 (Page 178)

1a. Translate the following sentences (worth two points each) into Spanish

When the weather is nice – **Cuando hace buen tiempo**

When the weather is bad – **Cuando hace mal tiempo**

When it is sunny – **Cuando hace sol**

When it is cold – **Cuando hace frío**

When it is hot – **Cuando hace calor**

I go skiing – **Hago esquí**

I play with my friends – **Juego con mis amigos**

I go to the mall – **Voy al centro comercial**

I go to the gym – **Voy al gimnasio**

I go on a bike ride – **Voy en bici**

1b. Translate the following sentences (worth four points each) into Spanish

When the weather is nice, I go jogging – **Cuando hace buen tiempo, hago footing**

When it rains, we go to the sport centre and do weights – **Cuando llueve, vamos al polideportivo y hacemos pesas**

At the weekend I do my homework and a bit of sport – **En el fin de semana hago deberes y un poco de deporte**

When it is hot, she goes to the beach or goes cycling – **Cuando hace calor, (ella) va a la playa o va en bici**

When I have time, I go jogging with my father – **Cuando tengo tiempo, hago footing con mi padre**

When there are storms, we stay at home and play cards
– **Cuando hay tormenta, nos quedamos en casa y jugamos a las cartas**

When it is sunny and the sky is clear, they go to the park – **Cuando hace sol y está despejado, van al parque**

On Fridays and Saturdays I go clubbing with my girlfriend – **Los viernes y sábados voy de marcha con mi novia**

We never do sport. We play on the computer or on PlayStation
– **Nunca hacemos deporte. Jugamos con el ordenador o a la Play**

When it snows we go to the mountain and ski – **Cuando nieva, vamos a la montaña y hacemos esquí**

Unit 16 "Talking about my daily routine" TOTAL SCORE: /40 (Page 179)

1a. Translate the following sentences (worth one point each) into Spanish

I get up – **Me levanto**

I have breakfast – **Desayuno**

I eat – **Como**

I drink – **Bebo**

I go to bed – **Me acuesto**

Around six o' clock – **A eso de las seis**

I rest – **Descanso**

At noon – **A mediodía**

At midnight – **A medianoche**

I do my homework – **Hago mis deberes**

1b. Translate the following sentences (worth three points each) into Spanish

Around 7.00 in the morning I have breakfast – **A eso de las siete desayuno**

I shower then I get dressed – **Me ducho, luego me visto**

I eat then I brush my teeth – **Como, luego me lavo los dientes**

Around 8 o'clock in the evening I have dinner – **A eso de las ocho de la noche ceno**

I go to school by bus – **Voy al colegio en autobús**

I watch television in my room – **Veo la televisión en mi dormitorio**

I go back home at 4.30 – **Vuelvo a casa a las cuatro y media**

From 6 to 7 I play on the computer – **De seis a siete juego en el ordenador**

Afterwards, around 11.30, I go to bed – **Después, a eso de las once y media, me acuesto**

My daily routine is simple – **Mi rutina diaria es sencilla**

 **THE LANGUAGE GYM**

Unit 17 "Describing my house" TOTAL SCORE: /40 (Page 180)

1a. Translate the following sentences (worth one point each) into Spanish

I live – **Vivo**

In a new house – **En una casa nueva**

In an old house – **En una casa antigua/vieja**

In a small house – **En una casa pequeña**

In a big house – **En una casa grande**

In the coast – **En la costa**

In the mountain – **En la montaña**

In an ugly apartment – **En un piso feo**

On the outskirts – **En las afueras**

In the centre of town – **En el centro de la ciudad**

1b. Translate the following sentences (worth three points each) into Spanish

In my house there are four rooms – **En mi casa hay cuatro habitaciones**

My favourite room is the kitchen – **Mi habitación favorita es la cocina**

I enjoy relaxing in the living room – **Me gusta relajarme en el salón**

In my apartment there are seven rooms – **En mi piso hay siete habitaciones**

My parents live in a big house – **Mis padres viven en una casa grande**

My uncle lives in a small house – **Mi tío vive en una casa pequeña**

We live near the coast – **Vivimos cerca de la costa**

My friend Paco lives on a farm – **Mi amigo Paco vive en una granja**

My cousins live in Barcelona – **Mis primos viven en Barcelona**

My parents and I live in a cosy house – **Mis padres y yo vivimos en una casa acogedora**

Unit 18 "Talking about my home life" TOTAL SCORE: /40 (Page 181)

1a. Translate the following sentences (worth one point each) into Spanish

I chat with my mother – **Chateo con mi madre**

I play on the PlayStation – **Juego a la Play**

I read magazines – **Leo revistas**

I read comics – **Leo tebeos**

I watch films – **Veo películas**

I listen to music – **Escucho música**

I rest – **Descanso**

I do my homework – **Hago mis deberes**

I go on a bike ride – **Voy/Monto en bici**

I leave the house – **Salgo de casa**

1b. Translate the following sentences (worth three points each) into Spanish

I never tidy up my room – **Nunca arreglo mi dormitorio**

I rarely helps my parents – **Casi nunca/ Raramente ayudo a mis padres**

I brush my teeth three times a week – **Me lavo los dientes tres veces a la semana**

I upload many photos onto Instagram – **Subo muchas fotos en/a Instagram**

Every day I watch series on Netflix – **Todos los días veo series en Netflix**

I have breakfast around 7.30 – **Desayuno a eso de las siete y media**

After school I rest in the garden – **Después del colegio descanso en el jardín**

When I have time, I play with my brother – **Cuando tengo tiempo, juego con mi hermano**

I usually leave the home at 8 o'clock – **Normalmente salgo de casa a las ocho**

From time to time I watch a movie – **A veces / de vez en cuando / veo películas**

Unit 19 "My Holiday plans" TOTAL SCORE: /70 (Page 182)

1a. Translate the following sentences (worth two points each) into Spanish

I am going to go – **Voy a ir**

I am going to stay – **Voy a quedarme**

I am going to play – **Voy a jugar**

I am going to eat – **Voy a comer**

I am going to drink – **Voy a beber**

I am going to rest – **Voy a descansar**

I am going to go sightseeing – **Voy a hacer turismo**

I am going to go to the beach – **Voy a ir a la playa**

I am going to do sport – **Voy a hacer deporte**

I am going to dance – **Voy a bailar**

1b. Translate the following sentences (worth five points each) into Spanish

We are going to buy souvenirs and clothes – **Vamos a comprar recuerdos y ropa**

I am going to stay in a cheap hotel near the beach – **Voy a quedarme en un hotel barato cerca de la playa**

We are going to stay there for three weeks – **Vamos a quedarnos allí por tres semanas**

I am going to spend two weeks there with my family – **Voy a quedarme dos semanas allí con mi familia**

We are going to go on holiday to Argentina tomorrow – **Vamos a ir de vacaciones a Argentina mañana**

We are going to Spain for two weeks and we are going to travel by plane

– **Vamos a ir a España por dos semanas y vamos a viajar en avión**

I would like to do sport, go to the beach and dance – **Me gustaría hacer deporte, ir a la playa y bailar**

We are going to spend three weeks in Italy and we are going to stay in a campsite

– **Vamos a pasar tres semanas en Italia y vamos a quedarnos en un camping**

We are going to go stay in a luxury hotel near the beach – **Vamos a quedarnos en un hotel de lujo cerca de la playa**

We are going to go sightseeing and shopping every day – **Vamos a hacer turismo e ir de compras todos los días**

Ingram Content Group UK Ltd.
Milton Keynes UK
UKHW050755050623
422881UK00008B/87

9 783949 651021